甲斐竜一朗

刑事捜査の最前線

講談社+α《プラスアルファ》新書

はじめに

「後ろに立つな！」。新聞記者になったばかりの1989年の春、佐賀県警の筆頭署だった佐賀署（現・佐賀北署）の刑事1課で、殺人や強盗、誘拐などを担当する強行犯係長の山口昌人さんに突然、怒鳴られた上に頭を平手ではたかれた。自席に座って事件の調書をまとめている山口さんの後ろを通りすぎようとしたときだった。後ろに立つと調書の中身を見ることができる。そのことへの〝指導〟だった。

強行犯係には数人の刑事がいたが、新人記者がたたかれても誰も気にするようなそぶりはなかった。というのも、二十歳で刑事一筋となった山口さんは、犯罪捜査に没頭する仕事ぶりで有名なデカだったからだ。後に佐賀署の刑事1課長となり通勤途中、路上で女子高生につきまとっていた男に職務質問したところ男と格闘になり、指を2ヵ所骨折しながら応援のパトカーがくるまで男にしがみついて逃がさなかった。男は傷害容疑の現行犯で逮捕されたが、2キロ近くにわたり女子高生につきまとい、女子高生は身の危険を感じていた。

昭和から平成へ移ったそのころ、地方ではまだ県警本部や警察署の各課は、新聞記者も自由に出入りができた。当時、午前8時半ごろから佐賀署の刑事課に足を運ぶのが日課だった。刑事に顔を覚えてもらい、発表以外に独自の情報をつかむための人脈づくりのためだったが、それ以上に山口さんのような本物のデカに接するのは新鮮で楽しい仕事だった。

以来、30年以上に及ぶ記者人生のほとんどは、警察の事件取材に明け暮れる毎日となり、刑事警察がその多くを占めた。映画やドラマ、小説でも人気のテーマとなっている刑事警察だが、実際の刑事もフィクションに負けず劣らず、驚くべき個人の能力や組織としての推進力を備えている。個々の事件で発揮されるその捜査力を深掘りする作業は得がたい体験の連続だった。

特に1995年3月から2000年4月までの大阪府警と警視庁の捜査1課を連続で担当した約5年間と01年4月から03年4月まで警察庁を担当した約2年間は、事件記者としてのバックボーンとなった。

大阪府警と警視庁の捜査1課担当は〝1課担《いっかたん》〟と呼ばれ、日本の警察担当の中で最も激務とされる。捜査1課は、連続殺人や無差別殺人、誘拐、立てこもり、ハイジャックなど社会を震撼させる大ニュースとなるような事件を扱う。警視庁と大阪府警はその発生が群を抜いて多く、必然的に1課担の取材競争は熾烈《しれつ》となる。

そのため両警察本部の捜査1課を連続で担当したのは珍しい経歴と言えるだろう。刑法犯の認知件数は１９９５年の１７８万件から２０００年には２４４万件に増加した。年間の件数が60万件前後の現在と比較すると、当時は治安の危機が叫ばれ、続発する凶悪事件の取材に奔走した。

１課担の5年間で、殺人などの捜査本部が設置された件数は百数十件に上る。近年は警視庁でも年間の捜査本部設置件数が数件程度なのに比べると、異常な多発ぶりだ。警察庁担当だった２００２年には刑法犯の認知件数は戦後最多の２８５万件を記録した。その後も警視庁記者クラブのサブキャップやキャップとして首都での事件取材に携わったほか、全国で発生した数々の重大事件の取材にも関わった。

本書は、大阪府警と警視庁を中心としたそれらの経験を基に、勤務する共同通信から２０１８年4月、加盟新聞各社へ隔月で配信を始めた1ページ特集連載「捜査の現場から――警察はいま」の30回のうち、刑事警察について書いた15回分を大幅に加筆してまとめたものである。

取り上げたのは、グリコ・森永脅迫や地下鉄サリン、女性5人が殺害された警察庁広域指定１２２号、神戸の連続児童殺傷、事務次官が逮捕された旧厚生省汚職、外務省の機密費詐取、世田谷一家殺人、特定危険指定暴力団「工藤会」への頂上作戦、カルロス・ゴーン被告逃亡、ルフィグループの広域強盗など昭和から平成、令和にかけて社会に衝撃を与えた大型の事件から、市井の人々の周りで起きる殺人事件まで多岐にわたる。

登場するのも捜査1課の取調官や捜査1課長、捜査2課長、鑑識課長、検視官、鑑識課員、科学捜査官、科学捜査研究所の鑑定官、警察本部の本部長、警視総監、警察庁の刑事局長や長官など。第一線の捜査員から警察組織のトップに至るまで、刑事警察の捜査を支えるキーパーソンに取材した。

また、本書は事件を巡り表に出ていない捜査陣の動きを掘り起こして光を当てただけではなく、捜査員や捜査幹部らの考えや証言、背景やデータをふんだんに盛り込み、個々の捜査を冷静に検証した点も大きな特徴だ。

事件解決に向き合う手法は千差万別だが、欧米に比べ法的に許されている捜査手段が少ない中、積み上げた経験と知識、時には常識を覆す判断をフル稼働させて犯罪に立ち向かう姿勢こそが日本の刑事警察の本領と言える。

もちろん無理な取り調べなど刑事警察の負の側面についても触れた。事件解決や成果を優先したための勇み足があったことも忘れてはならない。

佐賀県警を振り出しに始まった事件記者としての歩みは今年（2024年）、36年目を迎えた。いまも警察庁の記者クラブを拠点に取材をしている。肉迫したいと感じさせてくれる刑事が、キャリアでもノンキャリアでも、いつもいたから続けられた。佐賀署の強行犯係長だった山口さんもそうだ。１９９３年に転勤で佐賀を離れるとき、酒を飲んだ後に私を抱きしめ「何も教えなくて悪かった」とつぶやいたのが忘れられない。山口さんは何度、夜回りしても、事件のネタは何もくれなかった。それでも、足繁く通ったのは、会って話がしたかったからだ。私は口には出さず、心のなかでささやいた。「そんなことはどうでも良かったです」。そう思わせる刑事だった。

なぜ事件は解決するのか、しないのか。その答えは、この本にある。

目次

プロローグ――日本最強の捜査機関

2019年は世紀の逃亡劇が発覚して幕を閉じた。大みそかの未明、複数の欧米メディアが、会社法違反罪などで起訴され、海外渡航禁止の条件で保釈中だった日産自動車元会長カルロス・ゴーン被告が日本を出国し、国籍があるレバノンの首都ベイルートに到着したと報じた。「私はいまレバノンにいる」。ゴーン被告自身も米国の代理人を通じて声明を発表した。国内の法曹関係者にとって、まさに寝耳に水。日本列島に衝撃が走った。どうやって、逃げたのか――。

年が明けた2020年元日の朝。東京・霞が関の警察庁刑事局の幹部の携帯電話が鳴った。通称「赤レンガ」（法務省）の幹部からだった。「ゴーンが逃げた」。声は沈んでいた。ゴーン被告の出国記録はなく、入管難民法違反（不正出国）の疑いが濃厚なのは明らかだった。日本の出入国管理の根幹を揺るがす事態が起きていた。

ゴーン被告を逮捕し身柄を持っていたのは、政財官の腐敗に切り込み「最強の捜査機関」とも称される東京地検特捜部。だが、ゴーン被告の逃亡の経緯を短時間で的確に解明できるような、強行犯に対する捜査力は持ち得ていなかった。「どこにどう話を持っていけばいいのか……」。法務省の幹部からの電話は、入管難民法違反容疑の立証に対してお手上げ状態となった法務・検察サイドから警察サイドに協力を求めるものだった。

「とにかく、上に話をあげる」。警察庁の幹部は電話を切ると間髪容れず上層部に連絡した。「（逃亡経路を解明できるのは）警視庁捜査1課しかいないだろう」と応じた。特捜部を後方支援するため、警視庁捜査1課の「登板」が決まった瞬間だった。

最高幹部の一人も「捜査1課しかいないと思います」。それに対し、警視庁捜査1課の「登板」が決まった瞬間だった。

ゴーン被告の逃亡解明を任されたのは、殺人や強盗などの強行犯事件の現場に出動する警視庁捜査1課の「初動捜査班」だ。正式名称は強行犯捜査3係と同4係。合わせて三十数人態勢で、1人の管理官（警視）が束ねる。現場周辺の防犯カメラの映像から犯人とみられる人物を見つけ出し、そこから次々と防犯カメラの映像をたどりながら、犯人に迫る「リレー捜査」のスペシャリスト集団だ。本来、入管難民法違反の捜査を担当するのは外事課だが、白羽の矢が立ったのは捜査1課の初動捜査班だった。

ゴーン被告は2019年12月29日午後2時半ごろ、保釈の条件として指定されていた東京都港区の住居から一人で外出した。麻布十番から六本木までの数百メートルを移動し、午後3時20分ごろ高級ホテルの部屋に入り協力者の米国籍の男性3人と合流した。途中の住宅などの防犯カメラには、黒っぽい服に帽子とマスクで顔を隠して足早に歩くゴーン被告の姿が写っていた。

ゴーン被告が着替えを済ませると、4人は一緒に高級ホテルを出てタクシーに乗る。うち1人は成田国際空港から出国するが、ゴーン被告と残る2人の計3人は午後4時半ごろ、JR品川駅にいるのが確認されている。3人は東海道新幹線に乗り、午後7時半ごろ新大阪駅に到着し、タクシーで関西国際空港近くの高級ホテルに向かった。一行は午後10時ごろ、大きな箱二つを持ってこのホテルを出発。関西空港に到着すると協力者の2人は米国籍のパスポートを提示し、ゴーン被告が中に身を隠した箱とともにプライベートジェットに乗り込み、午後11時10分、関西空港を離陸した。トルコを経由して30日にレバノンに入り、まるで映画のようなミッションが完了した。

初動捜査班は期待にたがわず、実質わずか4日でこの逃亡劇の全行程を割り出したが、実は当初、犯人が現場からどこへ逃げたかを追跡する「後足班《あとあし》」は苦戦した。法務省側から相談があった元日に、初動捜査班を担当する管理官が特捜部から状況説明を受け、2日にはリレー捜査を本格的に開始したが、ゴーン被告が最初は行き先を予測しづらい徒歩で逃げたことに加え、人がつかまりにくい正月という不利な条件が重なり、後足班は防犯カメラの映像をなかなか収集できなかった。3日の時点でも、ゴーン被告が協力者と合流した六本木のホテルまでも追跡できずにいた。

一方、捜査が順調に展開したのは、犯人がどこから現場にやってきたのかをさかのぼって割り出す「前足班《まえあし》」だった。この場合の現場は関西空港だ。元日の段階で、ゴーン被告はプライベートジェットで出国したとの海外メディアの報道があった。国土交通省によると、12月29日夜にプライベートジェットが関西空港から離陸しトルコ・イスタンブールへ向かったことが分かっていた。

すぐに関西空港へ飛んだ前足班が、空港の防犯カメラの映像から見つけ出したのは大きな箱をゴロゴロ転がして運んでいた不審な一行だった。この連中はどこから来たのか。経路をさかのぼると、近くの高級ホテルにたどり着いた。前足班はここでゴーン被告の姿を初めて捉える。ホテルには3人で到着しチェックインしていたが、ホテルを出る際にゴーン被告の姿はなく、二つの箱を運び出す協力者の男2人だけだった。ゴーン被告が箱の一つに潜んでいるのは明らかだった。

前足班はホテルからさらに経路をさかのぼり、一行がタクシーを使って新大阪駅から来ていたことを突き止めた。東京—大阪間の移動手段には新幹線を利用したのは明白だった。この情報が伝えられた東京の後足班は、ゴーン被告が新幹線の乗車駅に向かったと行き先に当たりをつけ、品川駅でその姿を発見する。リレー捜査では、情報や行動パターンに基づく的確な予測が結果を大きく左右する。東京・港区から追跡した後足班と、関西空港からさかのぼった前足班の二つの経路が交わったのが、捜査開始4日目となる1月5日だった。この日、逃亡経路の全容をあぶり出した。

東京地検特捜部が捜査する事件の応援に警視庁の捜査1課が動員されるのは異例中の異例だが、法務省側から相談を受けた警察庁の幹部は「他機関の事件だから関係ないという話ではない。日本の捜査機関のメンツを懸けて逃亡を解明しなければならないと思った。警視庁の捜査1課がやってダメならどこがやってもできないというぐらいその捜査力を信頼していた」と説明する。

ゴーン被告が逃亡したのと同じ2019年。秋篠宮家の長男悠仁《ひさひと》さまが通っていたお茶の水女子大学附属中学校（東京都文京区）の教室の机に刃物が置かれた事件でも、警視庁捜査1課の初動捜査班は卓越した捜査力を発揮した。「平成」から「令和」へと天皇の代替わりを目前に控えたこの年の4月26日、悠仁さまの机に刃物2本が置かれているのが見つかり、大学敷地内の防犯カメラにはヘルメットをかぶった不審な男が写っていた。代替わりによって皇位継承順位2位となる悠仁さまに対する事件だけに、宮内庁や警察当局は対応に追われた。

事件発生の一報は大学側から警備を担当する大塚署警備課にもたらされたが、警視庁の上層部は警備・公安部門ではなく刑事部の捜査1課をすぐに投入した。警察庁幹部からも「何としても平成のうちに解決を」と、檄《げき》が飛んだ。

この事件でも初動捜査班は期待通り改元が目前に迫る4月29日、リレー捜査で防犯カメラに写った男の居場所を割り出し、神奈川県平塚市のホテルで身柄を確保し逮捕した。事件発生から4日目の早期逮捕に関係者は胸をなで下ろした。警察庁刑事局の別の幹部は「必ず結果を出してくれるのが警視庁の捜査1課。『難しい事件は捜査1課にやってもらう』という雰囲気になっていた」と語った。

防犯カメラのリレー捜査を展開し、初動の段階で犯人を早期逮捕する〝速攻〟が近年、警視庁捜査1課が確立させた捜査スタイルだ。「犯人にたどり着くスピードと技術が群を抜く」（同幹部）という。防犯カメラの設置が進んだ都市部を中心に、他の道府県警でもリレー捜査は事件捜査の主流となりつつある。

しかし、日本の刑事捜査を支えているのは、それだけではない。

第1章

ブツを追う

初動捜査の鍵は「防犯カメラ」

殺人など凶悪事件の解決に向け、鍵となるのが「初動捜査」。いま、その成否は防犯カメラの画像捜査に懸かっているとも言われる。一方で、現場に出向いて情報収集する「地取り」と関係者に聞き込みする「鑑《かん》取り」など従来の手法の重要性は変わらない。早く、的確に犯人にたどり着くため、それらの手法をどう融合させるのか。それとともに、防犯カメラについては、社会に根強い「監視社会」への警戒感もあり、国民の理解が重要だ。

警視庁の防犯カメラの画像捜査が最初に大きく脚光を浴びたのは、２０１１年に起きたある殺人事件。複数の都県境をまたいだ犯人の移動経路を割り出して容疑者を特定し、解決した。これほど広範囲に及ぶ犯人の足跡をリレー捜査で解明したのは、初のケースとされる。捜査における防犯カメラの重要性を日本中の警察と社会が認識した事件とも言え、より初動捜査に力を入れるようになった刑事捜査の在り方に影響を与えたのは間違いない。

２０１１年1月10日午後4時すぎ、東京都目黒区の閑静な住宅街にある元会社役員（87）の自宅玄関チャイムが鳴った。元役員は、大手百貨店の配送だと告げられ、対応しようと玄関を開けると、男にいきなり刃物を突き付けられた。もみ合いになって元役員は胸や腹など数ヵ所を刺され、病院に運ばれたが出血性ショックで死亡した。男は元役員の妻にも切り付け軽傷を負わせて逃走した。元役員は搬送時に「知らない男だった」と説明したが、男は悲鳴を聞いて駆けつけた通行人らに引き離された後も元役員に襲いかかるなど犯行が執拗《しつよう》なことから、一方的な恨みが動機で、「鑑」（顔見知り）の可能性があるとみられた。

この日は成人の日で、捜査1課長だった若松敏弘が官舎から現場に到着したときには、鑑識活動とともに、「捜査支援分析センター（SSBC）」と捜査1課初動捜査班の合同チームによる防犯カメラの画像収集がすでに始まっていた。特別捜査本部が設置された重要事件なので、刑事部長だった高綱直良《なおよし》も自ら現場に駆けつける。合同チームはリレー捜査で夕暮れに消えた犯人に迫ろうとしていた。

現場近くに凶器とみられる刃物が捨てられており、合同チームの捜査員はその辺りから中目黒駅までの間の住宅街や商店街の防犯カメラの画像を一斉に調べた。ボストンバッグを持った不審なジャンパー姿の男の画像は、事件が発生した当日のうちに見つかった。

中目黒駅を出て住宅街を通り元役員宅の方向へ歩く姿が事件前の「前足」で、商店街を抜け中目黒駅へと入る姿が事件後の「後足」だった。ところが、後足で男の姿はいつまでたっても駅ホームに現れない。男はどこへ消えたのか。実は後に判明するのだが、男は駅のトイレの個室に入って犯行時の服を着替え、そこに数時間にわたって身を隠してからタクシーで逃げていた。前足では駅ホームにいる姿が確認できたため、チームは後足を追跡するのではなく、前足をさかのぼることにした。男はどこから中目黒駅に来たのか。

3週間後、高綱は警視庁6階の刑事部長室で、若松から容疑者とみられる男の写真を見せられた。JR東京駅日本橋口の高速バス降り場から駅改札に向かう男の写真だが、すぐにはどこに男が写っているのか分からなかった。「これです」と説明された写真の中の男の顔は米粒よりやや大きい程度で、高綱は「こんなのよく見つけたな」と感心したという。

この写真の画像が防犯カメラで撮られたのは事件発生日と同じ1月10日。男は福島県いわき市在住の60代で、発生時に目撃された犯人と特徴が一致した。どうやって突き止めたのか。

合同チームは集めた防犯カメラの画像を徹底解析し、中目黒駅から同心円状に周囲の駅へとリレー捜査を展開して男の前足をさかのぼった。中目黒駅の次に見つかったのは東京メトロ日比谷線の神谷町駅で、ホームの防犯カメラが電車内にいた男を捉えていた。

さらに、日比谷線には日比谷駅から乗っていたことが判明し、そこまではJR有楽町駅から地上を歩いて移動していた。有楽町駅までは東京駅からJR山手線を使ったことを確認。東京駅の防犯カメラをくまなく調べると、男は高速バス降り場でバスを降り、駅構内に入り改札へと向かっていた。ここで撮られた画像の写真が、高綱が若松から見せられたものだ。

前足をここまでたどるのに3週間かかったが、ここから急展開する。さらにリレー捜査で男はいわき市の高速バス乗り場から乗車していたことが分かり、捜査1課はすぐにバスの乗客リストから男の身元を同市の60代と特定した。男は事件前日に実名で乗車券を予約していた。

いわき市から高速バスで東京駅に到着して山手線で有楽町駅に移動し、そこから歩いて東京メトロの日比谷駅まで行き、日比谷線に乗って中目黒駅にたどり着いた事件当日の男の200キロに及ぶ移動経路を、合同チームはリレー捜査で完全に捉え、解明した。

男の身元を突き止めた捜査1課は、容疑者の行動を尾行や張り込みで観察する「行動確認」に入るとともにリレー捜査を続け、事件前日に男が自宅近くの量販店で刃物を購入している姿が写った画像にも到達した。

行動確認を開始して1週間ほどたった2月10日だった。男は昼ごろ、福島空港へ向かい、韓国へ渡航しようとする動きを見せる。男にはいわき市で暮らす家族とは別に韓国に住む女性との間に娘がいたといい、韓国・仁川《インチョン》国際空港行きの航空券を予約していた。

捜査1課は急遽、空港近くにある福島県警の警察署に男を任意同行し、任意の取り調べを始めた。当初、否認していたが、リレー捜査で凶器購入の裏付けもあったため、夜になり逮捕に踏み切った。逮捕の時点では、「韓国にいる娘の入院費用が必要だった」と容疑を認めている。

高綱は事件を振り返り、「これほど時間的な長さ、空間的な広がりを膨大な防犯カメラの捜査でつないで逮捕に至ったのはこの事件が初めてだ。防犯カメラの画像をひたすら見続けて解析に当たった合同チームの執念に感服した」と、その意義を強調する。

若松も「防カメ捜査はこれほど大きな威力を発揮するのかと驚いた。防カメは監視社会との批判もあったが、この捜査で世の中に認められたかもしれない。初動捜査に大きく比重を置くきっかけになった」と言う。

防カメ効果で検挙率100％超

殺人など強行犯の捜査本部事件は、発生後3週間で犯人につながる糸口が見つからないと長期化すると言われる。時間がたつと目撃者の記憶は薄れ社会の関心も低くなり、証拠も散逸する可能性が高くなる。初動捜査で捜査員を大量動員して解決への端緒をつかむのが定石だ。

初動捜査は、現場周辺で情報を集める「地取り」が長らく中心だったが、現在の中核は防犯カメラの画像捜査（防カメ捜査）だ。「ＤＮＡ型」「指紋」と並び捜査における〝三種の神器〟とされる。防犯カメラの設置密度の飛躍的な高まりを受け、画像捜査が果たす役割の大きさは計り知れない。

警視庁は2009年4月、データの収集や解析を一元的に行う捜査支援分析センターを全国に先駆けて発足させた。防犯カメラの記憶媒体の性能向上に呼応するように、センターの防カメ捜査も進化し、そのノウハウは警視庁全体に浸透していった。

目黒区の殺人事件が起きた2011年の8月に警視総監に就任した樋口建史《たてし》は捜査の効率化と強化のため、防犯カメラの設置促進とDNA型の資料採取を全庁的に推進した。

署長会議のたびに、防犯カメラが各警察署管内の街角、駅、商業施設のどこに設置されているのかをくまなく調べて地図に落とすよう求めた。さらに管内の地図でカメラが射程に捉えているエリアを斜線でつぶし、白地で残った地域をカバーするため都庁や区役所、商店会にカメラの設置を要請するよう指示した。

樋口が退任後の2018年に警視庁に確認すると、23区内の繁華街は防犯カメラの死角が解消されていたという。

防犯カメラのリレー捜査は、事件が発生すると付近の防犯カメラの画像で疑わしい人物や車両を特定した上で、同じ人物や車が写っていないかさらに周辺のカメラをチェックして逃走方向を絞り込み、追跡していく。

犯人が駅に入れば構内カメラでいくらの乗車券を買ったかが分かるため、次にその乗車券で行ける範囲にある駅の改札のカメラを調べる。写っていれば容疑者の自宅の最寄り駅の可能性があるため、現れるのを待ち構えて職務質問するという流れが一例だ。防犯カメラの設置密度が高い都市部では、確実に犯人に迫ることができる。

一方、防犯カメラは善良な市民のプライバシーにも関わるとの懸念の声があり、慎重論も根強かった。犯罪捜査とプライバシー保護や通信の秘密との兼ね合いは常に課題となる。樋口も「人権の抑制を伴う対策の必要性は国民の理解が不可欠。国民の理解と協力がなければ実効性は上がらない。世論を醸成するための努力が非常に重要だ」と慎重論にも理解を示す。

その上で、警視総監だった2012年6月に潜伏していた元オウム真理教信者の高橋克也受刑者を逮捕できたことを例示し、「防犯カメラの画像をリアルタイムで公開したことが大きい。国民の関心が高く、最後は漫画喫茶の店員の通報が決め手となった。防犯カメラが広く受け入れられるきっかけとなり、世論の流れが変わったと感じた」と話す。

警視庁の重要犯罪（殺人、強盗、放火、強制性交等、略取誘拐・人身売買、強制わいせつ）の検挙率は2010年の63・4％からほぼ毎年、数ポイント単位で上昇を続け、21年はついに100％を超えた。この年の重要犯罪の認知件数は1223件で、数字上はこのすべてを摘発してさらに過去の事件も解決したことになる。

全刑法犯の1割以上が集中して発生する首都・東京において、1000件を超える重要犯罪をすべて解決するのは驚異的と言える。警視庁の元刑事部長で現警察庁長官の露木康浩は「防カメ捜査に由来する」と断言する。単に犯人に到達するだけではない。「とにかく早い」と胸を張る。

犯人が被害者や現場と面識も縁もない「流し」の場合、犯人と被害者に接点がないため地取りや聞き込みでたどるしかなく、捜査は困難となり検挙率も低かったが、現在、都市部では防犯カメラやドライブレコーダーに何らかの犯人の痕跡が残っている可能性が非常に高く、流しの犯行でも早期検挙が可能になった。

伝統的な聞き込みも大きな武器

全国の警察が防犯カメラの重要性を認識した目黒区の事件で、逮捕された男は「金目当てに高級住宅地だから襲った」と供述した。テレビでたまたま目黒区の住宅街に豪邸があるのを見たのが犯行場所に選んだきっかけだった。

「流し中の流し」（捜査関係者）の犯行で、しかも遠隔地に住んでいた。若松は「防犯カメラでたどれなかったら、いまだに捜査を続けていたかもしれない」と推測する。

ただ見逃せないのは捜査の過程で伝統的な手法も徹底されていた点だ。若松はリレー捜査に加え、地取りや鑑取り、見つかった刃物の流通経路の捜査などを尽くすように指示していた。

発生から1週間ぐらいたったころ、地取り班の捜査員から「事件当日、現場近くで犬の散歩をしていた女性が男に『うちのダックスフントはトマトを食べますよ』と話しかけられていた」との情報が上がっていた。いわき市の男の身元が割れた後、行動確認していた内偵班からは「家にダックスフントがいます。トマトをかじっています」との報告があった。地取りのネタは「裏取り」の結果、有力な状況証拠となった。

犯行の形態から当初、捜査幹部らのこの事件に対する見立ては「鑑」の線が強かったが、発生から2週間ぐらいたったころ、捜査本部に入っていた管理官が「流しかもしれない」と若松に進言している。

被害者の周りに事件につながるようなトラブルが見当たらなかったためだが、ここからリレー捜査をより中心にすえる捜査方針が決まった。その後、東京駅での男の前足が見つかり、身元特定へと捜査は一気に進展する。

管理官は豊富な経験に基づいて「流し」の可能性を指摘し、それが事件解決に寄与したと言える。ベテラン捜査官の経験に基づく推察は、捜査の局面を変える大きな武器になることがある。

実はリレー捜査でも、従来の捜査手法は必要不可欠な武器となっている。カメラの追跡で犯人画像が途切れれば、聞き込み捜査にシフトして目撃者を捜し、その繰り返しで犯人を追い詰める。若松は「伝統の手法の上に立った初動があくまで基本。それをおろそかにした捜査などない」と強調した。

防カメ捜査の中核担うSSBCと「撮れ像」

警視庁の防犯カメラの画像捜査で、中核を担ってきたのは2009年4月に発足した捜査支援分析センター（SSBC）の機動分析1係（23区担当）と同2係（多摩地区担当）の計約40人で、24時間態勢で無線を聞きながら事件発生に備えてきた。

殺人や強盗などの重要犯罪や社会的反響の大きな事件では自主的に出動するが、各警察署の要請を受けて現場に出ることも多い。生命線は、画像データを抜き取ってコピーする資機材セット「撮《と》れ像《ぞう》」と、都内の防犯カメラ設置状況を独自に登録した「防犯カメラ設置情報システム」だ。

センターの特別捜査官を中心に開発された「撮れ像」は2014年3月に導入された。パソコンやポータブル録画装置などの資機材セットで、当初はアタッシェケースに入れて持ち運んでいたが、現在は機動性を高めるためリュック型になっている。あらゆる防犯カメラやドライブレコーダーに対応し、データの抽出や再生ができる「優れもの」（警察庁幹部）だという。

第1機動捜査隊の「ＩＣＡＴ《アイキャット》」や、第3機動捜査隊の「ハヤブサ」など、初動捜査で犯人追跡を担う執行隊や本庁各課、警察署の部署に「撮れ像」を配備している。

「防犯カメラ設置情報システム」は、東京都内のそれぞれの警察署管内で、どこに防犯カメラがあるかを地図上にプロットして把握している。商店街や個人宅、ガソリンスタンド、コンビニ、金融機関など外に向かって撮っている防犯カメラの設置場所に関する情報だ。システムはセンターで管理しているが、すべての警察署で見ることができ、新たな防犯カメラの設置場所が分かれば随時、更新している。

発生があるとセンターに加え、各部署がシステムで現場周辺の防犯カメラの設置状況を確認して出動する。現場では「撮れ像」を駆使し、犯人の姿と逃走方向が確認できれば、カメラからカメラへと展開し迅速にたどり着くことが可能だ。現場ですぐに確認できなければ広い範囲で画像を回収し、持ち帰って詳細に解析して犯人とみられる人物を捜し出す。

解析に当たっては、人相や体格、服装などのほかに、歩き方のくせである歩容《ほよう》によって複数の画像に写った人物を同一と特定することもあるという。

この解析作業において女性刑事の存在も大きな力となっている。警視庁は2016年、すべての警察署の刑事課に刑事総務係を設けているが、目的の一つは刑事として育成した女性警察官が育児などで時短勤務となった場合の受け皿にすることだった。

時短勤務となった途端に刑事課を外れ、交通や生活安全部門に移るケースもあり、女性警察官が刑事を続けられる方法がないか模索した結果、事件の送致記録のチェックや刑事統計などの事務を担当する刑事総務係を設け、時短になっても女性刑事が刑事課で勤務できるようにした。

そして、後に刑事総務係の所掌事務に加えられたのが、防犯カメラ画像の解析業務だった。係の女性刑事にセンターで画像解析の訓練を受けてもらい、実際に起きた事件で回収された画像の解析を担当してもらう。これが好結果を生んだ。現場に出た刑事課の捜査員が画像を回収して刑事総務係に持ち込むと、センターで技術を学んだ時短勤務の女性刑事が解析に取り組み、犯人を見つけ出すという流れだ。

このころ警視庁の刑事部長だった警察庁長官の露木は「署の初動捜査で強盗や窃盗の犯人を割り出せるようになり、検挙率が右肩上がりになった。本部だけではここまで検挙率は上がらない。防カメ捜査の裾野が全署に広がったのが大きい」と説明する。

警視庁の重要犯罪の検挙率は平成に入りほぼ50〜60％台で推移していたが、２０１０年の63・４％を境に上昇し、18年は初めて90％を超え93・９％を記録した。このうち殺人、強盗、略取誘拐・人身売買は過去発生分なども含めて解決したため、この年に100%を突破している。

捜査1課は2008年ごろから、防犯カメラの画像捜査を担当する初動捜査班への人員増強を始める。当初は警部補以下数人しかいなかったが、殺人犯捜査係を削減し、その分の人員を初動捜査班に振り向け、19年2月時点で三十数人態勢に膨らんだ。いまや早期事件解決の〝請負集団〟とも言え、強行犯捜査の柱となっている。

かつては殺人事件などの捜査本部の人員構成において、捜査1課員は殺人犯捜査係の1個班10人前後だけで、大半は捜査本部が置かれた警察署の署員や周辺署からの応援組だった。近年は殺人犯捜査係の1個班に加え、初動捜査班である強行犯捜査3係と4係が出動し、計50人前後で捜査に当たる。全員が捜査1課員で強行犯捜査の専門家だ。この強力な態勢と防犯カメラのリレー捜査で一気に事件解決をたぐり寄せるため、2013年以降の捜査本部事件はすべて解決している。

容疑者逮捕までは初動捜査班が中心となり、逮捕後は殺人犯捜査係が容疑者の身柄を持ち、取り調べや裏付けなどで捜査をまとめ上げるのが確立された流れだ。初動捜査班は容疑者の逮捕後は警視庁本部に戻り、次の事件発生に備える。

リレー捜査だけで犯人を突き止め、完結することもある。捜査1課は2017年4月、渋谷区の明治神宮や港区の増上寺の門の柱などに液体がかけられ染みが付いた建造物損壊事件で、中国籍の女2人を指名手配した。2人を特定したのもリレー捜査だった。

現場付近の防犯カメラに2人がスプレーのようなものを使って液体をかける姿が写っており、捜査1課の初動捜査班がそこからリレー捜査を展開した。宿泊先のホテルを割り出した後は、どうやって増上寺に来たのか、増上寺からどこへ逃げたのかを追跡した。2人の犯行を特定して証拠化するため、徒歩の移動でもタクシーでも電車でも切れ目なく回収した画像の写真一つひとつを捜査報告書に貼り、500ページもの写真台帳のような捜査報告書ができあがった。

報告書をめくると、パラパラ漫画のように2人の行動が再現され、犯人性は一目瞭然だった。初動捜査班は事件発生から3日で事件の全容を解明するが、2人は事件の翌日にはすでに羽田空港から上海へと戻り帰国していた。事件を起こしてすぐに出国するヒットアンドアウェー型の犯行だったため身柄を確保することはできなかったが、リレー捜査だけで2人の犯人性を立証したと言える。

刑事警察の要職を歴任した元警察庁長官の金髙《かねたか》雅仁は初動捜査について「いまや防犯カメラでの捜査なくして凶悪現場の捜査なしだ」とした上で、「画像は発生地域の防犯カメラに限らない。例えば現場が東京でも、大阪から来た人がスマートフォンで撮っていることがあるかもしれない。現在の初動捜査は地域を超えた広範囲性が求められる」と語った。

コールドケース班の誕生

30年以上前に導入され、指紋制度開始以来の〝捜査革命〟といわれるのがＤＮＡ型鑑定だ。人の血液や汗、唾液、皮脂から検出される体細胞のデオキシリボ核酸（ＤＮＡ）の塩基配列や繰り返しのパターンが個人ごとに異なるのを利用し、同じ配列の出現頻度から個人を識別する。技術の向上に伴って個人識別の精度も飛躍的に高まり、客観証拠重視の傾向が強まる現在では刑事捜査にとって欠かせない手法となっている。一方でＤＮＡは「究極の個人情報」でもあり、常に厳格な運用が求められる。長期未解決事件を解決する切り札となることも多いが、課題も指摘されている。

犯人をあぶり出したのは池袋署の倉庫でほこりをかぶっていた足の親指の「爪」だった。東京・池袋の3階建てアパートの2階で２００1年4月、無職男性（66）が頭部を鈍器で殴られ、刃物で胸や背中を刺され殺された事件。警視庁捜査1課の理事官だった石川輝行が率いた「特命捜査対策室」は発生から9年後、爪の主で現場アパートの隣家に居住する50代の男を逮捕した。停滞する捜査を切り開いたのは、究極の「異同識別」といわれるまでに進化したDNA型鑑定だった。

特命捜査対策室は殺人罪などの時効撤廃に合わせ、未解決事件（コールドケース）を扱うため2009年11月に発足した。科学捜査や鑑定技術の進歩を受け、容疑者が逮捕されていない殺人事件について、証拠調べや分析が十分だったのかを見直し、証拠品を再検証、再鑑定して犯人逮捕につなげるのが狙いだ。

石川は発足する1年以上前に、当時の警視総監だった米村敏朗から「コールドケース班を作りたいから初代の責任者になってくれ」と要請されていた。対策室が立ち上げられたのは、江東区木場の深川署から徒歩で10分程度の場所にあった証拠品保管庫の2階。そこにあったオウム真理教関連の証拠品が別の倉庫に移されることになり、空いたスペースが石川以下、殺人事件の捜査経験があるベテラン捜査員ら38人の特命捜査対策室メンバーの拠点となった。

当初、約50件の未解決事件が対象となったが、石川らは1ヵ月かけて血痕などの「ブツ（物証）」が残っている15件ぐらいに対象を絞り、最終的に鑑定可能なブツの数が多い池袋事件の再捜査に挑んだ。

池袋署の倉庫には数々の証拠が眠っていた。凶器の電工ナイフ、血痕が付着した灰皿、軍手など70～80点の資料がほこりをかぶった袋に入っていた。一つひとつを開けて確認し、写真を撮る。このうち血痕が付着していた30点ほどについてDNA型鑑定が実施されることになる。他に茶封筒に入った20人以上の足の親指の爪が保管されていた。

事件発生時、DNA型鑑定は精度が低かった。現場室内の血痕で血液型検査を実施し、犯人の血液型はO型と判明した。爪は、将来の科学の進歩に望みを託した当時の捜査陣が、再鑑定に備えて同じO型の参考人から採取していたものだった。参考人は、現場アパートに住んでいた複数の中国人留学生や被害者と交友関係にあった人物ら20人以上で、その中の一人が隣家の50代の男だった。

石川らは血痕が付着した30点のブツと20人以上の爪のDNA型鑑定を同時並行的に進めた。発生から9年の時を経てDNA型鑑定の個人識別精度は「4兆7000億人に1人」に達していた。石川は30点のブツのDNA型鑑定の結果を大学ノートに記して一覧表を作成。犯人の血痕と判明したブツには「ヒ」（被疑者のヒ）、被害者のものには「V」（VICTIMのV）と書いて区別した。被害者の血痕は5点ほどで、大半は犯人の血痕だった。すべてのブツの鑑定が終わり、一覧表が完成したのは2010年9月に入ったころだった。

爪の鑑定はすでに帰国していた留学生らを最優先に行われた。50代の男は筋肉の病気で体が弱く、発生当初、捜査対象から外されていたため、鑑定も後回しとなった。ところが、男のDNA型が、大学ノートの「ヒ」の血痕と一致し、急遽、容疑者として浮上。捜査は急展開した。

参考人から採取した爪は、茶封筒に入れて名前を書き、ホチキスで留めただけの簡易な保管状態で証拠品としての価値が危ぶまれたため、捜査陣は新たな資料の採取に取りかかった。男の家を早朝に何度も張り込みし、男がゴミを出すのを確認すると、ゴミの中からアイスクリームのカップとプラスチック製のスプーンを入手して科学捜査研究所（科捜研）で唾液のＤＮＡ型鑑定を実施した結果、改めて「ヒ」と一致。捜査は仕上げに近づいていた。あとは男から了解を得て直接唾液を採取し、ＤＮＡ型鑑定を実施するだけだ。石川らは勝負に出る。

２０１０年9月28日午前5時ごろ、石川は一人で千代田区の飯田橋駅近くのファミリーレストランに入った。前日夜の土砂降りの雨はやんでいた。近くには男が早朝から清掃の仕事で勤務するビルがあった。このビルから男を任意同行するため、石川は不測の事態に備えてファミレスに待機した。

特命捜査対策室の捜査員らは前日夜、男が自宅に帰った時点から張り付いた。石川には逐一、報告が入る。「家に入りました」「一歩も外に出ていません」「朝、出ました」「電車に乗りました」。池袋駅からは別の捜査員が尾行に付いた。「飯田橋で降りました」「いま職場に入りました」。そして男が仕事を終えてビルを出た午前6時半過ぎ、取り調べに当たる捜査員が任意同行を求め、霞が関の警視庁本部庁舎へと連行した。連絡を受けた石川も警視庁本部に入り、6階にある捜査1課の大部屋の自席に陣取った。

捜査員らは男の事情聴取を始めると同時に、説得して口腔内から唾液を採取し、DNA型鑑定のため再び科捜研に持ち込んだ。鑑定開始から約4時間。科捜研の鑑定官から特命捜査対策室の主任捜査員に電話が入った。「さっきの件、一致しました」。それを主任から聞かされた石川はすぐに逮捕状請求へと動き、否認のまま男を逮捕した。対策室の再捜査で逮捕に結びついた初のケースだ。

石川は振り返る。

「事件の発生当初と逮捕のときのDNA型鑑定の精度には雲泥の差があった。科学捜査の力はいまや圧倒的。鑑定技術の飛躍的な進歩がなければ、事件は永久に未解決のままだった」

逮捕された隣家の男は当初、否認していたが、公判では被害者方からの騒音を巡ってトラブルになったのが犯行の動機になったと罪を認めた。

DNA型情報のデータベース化

日本の刑法犯認知件数は2002年、戦後最悪の約285万件を記録した。危機的な犯罪情勢に陥り、治安対策は政府の政策課題となった。翌03年、警察庁と法務省の刑事局の課長以下幹部らは、ほぼ毎週、月曜日に昼食会を開くようになった。治安回復に向けた議論を重ねるためだ。

警察庁側のトップは刑事企画課長だった樋口建史で、法務省側は総務課長が中心となり、テーマに応じて刑事課長や公安課長らが入った。双方3〜5人ぐらいが毎回参加し、弁当を食べながら、治安上のあるべき対策や施策について意見を交わした。

樋口は「直面する問題についてどうあるべきか法務省ときちんと議論する場を作った。議事録を残すような公式な会議ではないが、用があってもなくても顔を合わせて飯を食いながら雑談し、問題提起した」と言う。

他人名義の口座や匿名のプリペイド携帯電話などの犯罪ツールや、中国人の密航など社会問題となっていた犯罪への対策が議題となった。そこでの議論から実現に動きだした施策の一つが、ＤＮＡ型情報のデータベース（ＤＢ）化だ。

警察におけるＤＮＡ型鑑定は警察庁の附属機関である科学警察研究所（科警研）が１９８9年に実用化して確立した。警察庁は92年に統一した運用を図るために刑事局長通達の「ＤＮＡ型鑑定の運用に関する指針」を作成し、広く犯罪捜査に活用するため全国の都道府県警の科捜研に本格導入した。

当初用いられたのは「ＭＣＴ１１８型検査」など2種類の検査法だったが、精度が低かった。２００３年に現在と同じ4個の塩基配列を基本単位とし、それが繰り返される回数で個人識別する「ＳＴＲ型検査」に切り替わり、染色体上の9部位を調べることで識別率は「１０００人に１・２人」から「１１００万人に１人」へと大きく上昇した。この年は自動分析装置「フラグメントアナライザー」も導入され、鑑定時間の大幅短縮が実現した。

法務省との検討会に参加していた警察庁長官の露木康浩は当時のＤＮＡ型鑑定について「飛躍的に識別率が高まり、ＤＢとして運用するのにふさわしい技術に発展していた」と説明する。２００６年には調べる部位を15に増やすことで「４兆７０００億人に１人」にまで上がった。

ＤＮＡ型のＤＢ化は警察内部で長年の懸案になっていた。最初にＤＮＡ型鑑定を捜査に導入したときは刑事裁判で受け入れられるかどうかは未知数だったが、１９９２年に全国警察で運用を開始して10年以上実績を積み重ね、ＤＢ化の議論は水面下でくすぶっていた。法務省側もＤＢ化に異論はなく、検討会は具体的に動き出すきっかけとなった。

樋口はＤＮＡ型のＤＢ化について「捜査の効率化」「冤罪防止」「犯罪のトレーサビリティー（追跡可能性）」という三つの効果を挙げ、「目的は安心、安全の回復」と語る。ＤＮＡ型鑑定を実施することで必要のない捜査を省くことができる。究極の異同識別とされるほど精度が向上したことから、照合によってＤＮＡ型が不一致と分かれば捜査線上から外され、誤認逮捕などの冤罪に陥ることはなくなる。中でもトレーサビリティーの確保は、容疑者の早期、確実な逮捕につながり、安心、安全の回復にとって重要だという。

警察庁は２００４年に犯罪現場に残された血痕など「遺留資料」の、05年には容疑者の唾液など「容疑者資料」のＤＢ化を開始した。「将来ＤＮＡ型鑑定は指紋に匹敵するかそれ以上重要になる」。当時の警察庁幹部はそう予言していた。

足利事件の誤りも教訓として進歩

水一滴の30分の１〜40分の１。法遺伝学が専門の医学博士で関西医科大学の橋谷田真樹《はしやだまさき》准教授によると、いまやＤＮＡ型鑑定は、それほど微量な資料でも複数回の実施が可能とされる。ＤＮＡ型鑑定は試薬も機械も全世界共通で、精度は世界基準でどんどん上がり、それに合わせて日本も向上してきたとみられる。

過去のＤＮＡ型鑑定の誤りが判明して２０１０年に再審無罪となった「足利事件」（１９９0年5月発生）の捜査などを教訓として進歩した日本警察のＤＮＡ型鑑定の技術は、現在世界のトップレベルとされる。当時はＤＮＡ型鑑定に関する全体的な基準がなく、警察もＤＮＡ型鑑定を決め手にするというより、それを基に容疑者から自供を引き出そうとした可能性が強い。

橋谷田准教授は現在のＤＮＡ型鑑定について「１９９０年代に本格的に導入後、誰が見ても納得できる結果として裁判の証拠に出そう、と警察の意識は変わった。鑑定人のクオリティーに始まってラボの設備、プロトコル（手順）などと決まり事を整備していった。いまは自信を持って科学的に検証を積み重ねた証拠と言えるだろう」と評価する。

手袋をすれば付着しない指紋に比べ、汗、血液、唾液、皮脂などＤＮＡ型鑑定の資料は犯人の意に反して遺留され、採取の可能性は非常に高い。樋口は「現場にいた限りは生体資料を残さないで立ち去るのはほぼ不可能だ。丹念な鑑識作業をやりさえすれば採取できる」と自信を見せる。

一方で、現場に遺留された毛髪などの資料とＤＮＡ型が一致しても、それだけで１００％犯人だとは言えないケースは多い。現場にあった毛髪がその人のものだというのは鑑定だけで断定できるが、それだけでは犯人かどうか判断するのは困難だ。自供や別の証拠を積み重ね、多角的に証明する必要があり慎重にならなければならない。

また、刑事指導室長としてＤＢ化に携わった警察庁長官の露木は「複数人のＤＮＡが混入するコンタミネーション（資料汚染）が起きると、鑑定の信用性が失われる」と指摘。科捜研での鑑定には外部から無関係なＤＮＡの混入を防ぐため厳重に管理されたクリーンルームが使われているという。

２０２２年末のＤＢ登録数は指紋の約１１５７万人に比べ、ＤＮＡ型はまだ1桁少ない約１６９万人。だが警察が採取した資料とＤＢの照合による一致件数を見ると、指紋が２００９年以降、３０００～４０００件台なのに対し、ＤＮＡ型は11年以降４０００～６０００件台で推移し、容疑者や余罪の割り出しで指紋以上の成果を出している。

警察庁は２０１１年に千葉県柏市の科警研で、18年にさいたま市の関東管区警察局で、それぞれＤＮＡセンターをスタートさせた。通称「柏ＤＮＡセンター」「埼玉ＤＮＡセンター」と呼ばれ、全国の警察署で任意採取した容疑者の口腔内資料を一括大量鑑定し、ＤＢに登録している。都道府県警の科捜研の負担を減らし、緊急性の高い現場資料や余罪がありそうな容疑者の資料など、より重要な鑑定に力を注いでもらうためだ。

スタート当初からＤＮＡ型鑑定に携わった科警研の指導官は「客観証拠重視の中でＤＮＡ型鑑定の役割は大きい。犯罪を立証するだけでなく、容疑者を特定するのにもかなり有力だ。未解決の殺人事件でも、容疑者が何年もたった後で万引きとか別の事件を起こしてＤＢと一致して解決することがある。これからも国民に信頼されるような運営をしていきたい」と話す。

特命捜査対策室は２０１１年7月、再捜査の第2号として、１９９９年12月に板橋区の自宅で女性（28）が首を絞められ殺害された事件を解決した。発生から約12年を経て、札幌市の強盗傷害事件で逮捕された30代の男のＤＮＡ型がＤＢでヒットした。強盗事件では余罪確認のためのＤＮＡ型の照合をすることは少ないが、男に性犯罪歴があるのに気付いた北海道警の捜査員が念のためＤＢと照合したところ、板橋区の事件現場に残された遺留資料と一致することが分かったという。

関西地方の科捜研で長年、ＤＮＡ型鑑定に携わったベテラン研究員は言う。

「客観証拠の中でも一番の決め手はＤＮＡ型鑑定。識別率は地球上の人口を超える確率になった。殺人の時効がなくなったいま、ＤＮＡ型を抽出しておけば永久に罪を問える」

いまや「565京人に1人」の精度に向上

警察のＤＮＡ型鑑定は２０１９年４月に新たな試薬と新型のフラグメントアナライザーが導入され、個人識別の精度は「４兆７０００億人に１人」から「５６５京人に１人」という驚異のレベルに突入した。一方で過去には冤罪の要因となるなど負の歴史もあり、ＤＢ化に際しては法整備の必要性を巡る議論も起きていた。

１９８１年に起きた大分市の女子短大生殺害事件で、福岡高裁は95年6月、ＤＮＡ型鑑定の信用性を否定する初の司法判断を示し、逆転無罪が確定した。95年当時はすでに全国の科捜研がＤＮＡ型鑑定を実施しており、裁判でもその証拠能力が認められるようになっていた。そうした中で出された無罪判決。最新の鑑定であっても過信すると冤罪を導きかねない危険性があることを認識させた。

再審請求中にDNA型の不一致が判明した1990年の足利事件では、宇都宮地裁が2010年3月、無罪を言い渡した。警察庁は同年4月、DNA型鑑定を過大評価し、自白の信用性に対する検討が不十分だったとする検証結果を公表した。当時の捜査員らは個人識別率が「1000人に1・2人」とされたDNA型鑑定を過大に評価し、容疑者を犯人とする先入観を持ったとしている。同事件の無罪判決は、科学捜査の在り方に警鐘を鳴らした。

警察庁は鑑定の本格導入から10年以上が経過した2004年、懸案だったDNA型情報のDB化を始めたが、誤判の危険性やプライバシーへの懸念から法的に整備するよう求める声も上がった。

これに対し、警察庁長官の露木は「行政機関が適法に取得したものについて目的をはっきりさせて保有、管理するのは行政機関個人情報保護法が許容している。これがDBの法的な根拠だ」と説明する。その上でDBの管理、運用に必要な事項については、国家公安委員会規則である「DNA型記録取扱規則」をつくって明記したという。同取扱規則は、都道府県警の科捜研が採取したDNAの鑑定結果を警察庁に報告させるための根拠となっている。

DNAは究極の個人情報とされるが、鑑定で利用するDNAの部位は塩基の機械的な配列の繰り返しによる「型情報」が得られるだけで、「遺伝的な個人情報は何も読み取れない。意味のある遺伝情報をデータベース化しているわけではない」という。

警察のＤＮＡ型鑑定は２０２４年に、導入から35年となった。鑑定の年間の実施件数は14年には30万件を突破し、窃盗や当て逃げなど身近な犯罪捜査にも浸透している。元警察庁長官の金高は識別率が「京」の単位になった技術の進歩を捉え「いまの精度であれば真犯人でない人を捜査線上から瞬時に落とす、冤罪を防ぐ武器でもある。取り調べで事件の全容を解明する捜査が岐路、転換点にきている。それに代わるのが科学捜査だ」と語った。

捜査を導く〝指紋の価値判断〟

事件捜査の現場で長く「客観証拠の王様」とされてきたのが指紋だ。同じ紋様を持つ人物は一人としておらず、しかも生涯変わらないという特徴を持つため、個人を識別し犯人を特定する切り札として有用性が認められてきた。一方で、その価値判断を誤れば犯人を見逃したり、最悪の場合は誤認逮捕につながったりする危険性もある。経験に基づく鑑識官らの眼力が常に問われている。

大阪府警捜査1課は当初、その指紋を〝シロ〟と判断した。１９９４年7月13日午前10時ごろ、大阪市中央区の喫茶店兼マージャン店で、経営者の女性（50）が死亡しているのを出勤した従業員の女性が見つけた。首を絞められ、エプロン姿で1階の喫茶店内であお向けに倒れていた。室内は物色されており、強盗殺人事件として捜査本部（帳場）が設置された。鑑識課は1階の出入り口で、2階のマージャン店に出前で出入りしていたすし店員の20代の男の指紋を検出した。だが捜査1課はすでにこの男から参考人として事情聴取し、容疑性はないとして捜査対象から外していた。

鑑識課の機動鑑識（通称・機鑑）の担当補佐（警部）だった橋本憲治は事件直後、機鑑1個班（5人前後）とともに最も早く現場に到着した。機鑑は現場に臨場するとDNA型鑑定のための微物や指紋、足跡の採取から写真撮影まで多くの鑑識活動をこなす鑑識課の大黒柱だ。ちなみに都道府県警のうち警視庁の鑑識課だけは機動鑑識という名称を使っておらず、機鑑に相当する係は現場鑑識（通称・現場＝ゲンジョウ）と呼ばれている。

橋本が初めて鑑識課に勤務したのは1973年。機鑑の前身である現場係に就いた。当時の階級は巡査部長。以来、異動で署の刑事課長となったり、警察大学校に入校したりするなどして鑑識課を出た時期もあるが、警視までの全階級で鑑識課に所属し、刑事事件の捜査を第一線で支え続けた。まさに事件現場の第一人者だ。

現場の店舗に到着した橋本らはまず、人が近づかないよう出入り口を青色ビニールシートで囲い、最優先で出入り口の検証、採取作業に取りかかった。機鑑の車にサイレンが付いているのは、誰よりも早く現場に着いて鑑識活動にとって大事な場所を押さえるためだ。現場に出入りする捜査員が誤って触れることもある。人の出入りが多い店舗などが現場だと、出入り口を真っ先に押さえるのは鑑識現場の常道だという。橋本も「出入り口は宝の山」と語る。

このときの出入り口での指紋採取には、アルミニウムなどを調合した試薬の粉末をふり、刷毛でなぞって指紋に付着させてゼラチン紙などに転写させる「粉末法」が使われた。採取には橋本自らが当たった。粉末の主成分はアルミの微粉末だが、湿度などの気象条件によって粉末の選定や配合を変えるという。刷毛の使い方も採取結果を大きく左右する。経験こそがものをいう作業だ。

鑑識課長だった川本修一郎は現場の鑑識活動と並行して、捜査1課に対し、参考人でも容疑者としてでも事情を聴く関係者については全員から指紋を採取して鑑識課に回すよう依頼した。橋本らが現場で検出した指紋とそれら関係者の指紋を照合するためだ。

捜査1課も、被害者が経営するマージャン店の伝票の捜査や関係者らへの聴取をすぐに開始した。事件が起きた13日は、午前1時半ごろまで、被害者の長男と常連客2人が「3人打ちマージャン」をしていたことが判明。同じころ、被害者はすし店の20代店員とソファーに座り、テレビを見ていたことも確認できた。店員は捜査1課の聴取に対し「マージャン客が帰った後の午前1時35分ごろ店を出た。その後は（被害者が亡くなっていた）喫茶店には行っていない」と説明し、不審点も見当たらなかったという。

鑑識課では、常連客2人とこの店員の指紋を現場で採取した遺留指紋と照合。店員の指紋は、橋本らが1階喫茶店の出入り口で検出した指紋と一致した。事件発生3日目の15日だった。橋本と機鑑のメンバーらはこの指紋について、徹底した検討を加え価値を探った。その結果——。

翌16日午前、鑑識課長室で開かれた朝会。課長以下鑑識課の幹部ら10人前後が顔をそろえた。そこでの議題は橋本ら機鑑のメンバーが採取した店員の指紋についてだった。指紋が検出された現場の出入り口は内外どちらにも開閉する自由扉だった。店外から見てドアの左端にちょうつがいがあり、ドアの右側部分を開けて通る仕組みで、ドアと縦枠の間にはわずかな隙間があった。縦枠に店員の左手の薬指と小指の連続指紋が付いていた。そしてその指紋は、当該人物が動いているときに付着する、こすったような「擦過《さっか》指紋」ではなく、同じ姿勢でじっとして動いていないときに付く「静止指紋」だった。幹部らはその点を不思議がっていた。ドアを歩いて通るときに付着したのなら擦過指紋となるはずだからだ。静止指紋が付着していたということは、何らかの目的があってこの場所で立ち止まったと考えられる。

「この指紋はのぞき見ちゃいますか」。橋本は釈然としない幹部らにこう切り出し、指紋についての自身の考察を披露した。橋本ら機鑑のメンバーが注目したのは、指紋の付着状況だった。高さ約1メートルの低い位置に、指先を店内に向けて上向いた角度で付着していた。「普通に出入りをしていて付く指紋ではない。位置や方向性がおかしい」。橋本がこの指紋から導き出したのは、体を中腰にしてやや前かがみになった状態で左手を縦枠に添え、ドアと縦枠の隙間から左目で店内をのぞき見している男の姿だった。出前に来た店員がとる姿勢としては、明らかに不自然だった。

橋本が説明した考察に、朝会の幹部らは驚きを隠せずにうなった。川本も「その発想は全然なかった」と正直に認める。朝会のメンバーによるこの指紋に対する価値判断は「容疑性あり」が総意となった。橋本はすぐに捜査本部の現場責任者である捜査1課殺人班の班長にこの指紋の価値判断を伝えたが……。

「そもそもここに出前でいつも出入りしているから指紋は付いて当たり前。話も聞いたがシロだ」。捜査1課の班長はにべもなく店員の容疑性を否定した。これを聞いた川本は捜査1課長に進言した。「こういう格好が推測される指紋や。犯人である蓋然性が高い。もう一度調べるべきだ」。川本の直談判によって2度目の聴取が実現すると、男は落ちた。借金があり首を絞めて殺害して現金を奪ったと認めた。発生から4日目のことだった。

店員の供述によると、事件発覚前の13日午前5時50分ごろ、喫茶店の様子をうかがうため腰をかがめて縦枠に左手を添え、ドアと縦枠の隙間から中を見ると被害者が見えたので声をかけるとエプロン姿で出てきてくれた。店内で借金を申し込んだが断られたので、持ち込んだ電気コードで首を絞め、死亡したのを確認してから現金を奪ったという。

橋本らは入り口の縦枠以外にも、喫茶店のカウンター内側にある製氷機の上にあったガラスコップと水差しから店員の指紋と掌紋を検出していた。コップは客が使用した後に洗って乾かすために上下反対にして置かれていたもので、通常は洗った人の指紋が付着することはあっても、他の人物の指紋が残ることはない。橋本らはコップと水差しの指紋からも店員の動きを考察。店員は被害者を殺害した興奮から喉が渇き、洗って伏せてあったコップを右手で取り上げ、左手に持った水差しから水を注いで飲んだ後、コップを元の位置に戻したとみていた。そして、その考察は男の供述によって裏付けられた。

川本は指摘する。「指紋の価値判断を誤ると捜査の方向性を見失う。時として犯人を見逃し、最悪の場合は誤認逮捕を招くこともある」

〝客観証拠の王様〟として100年以上捜査を支える

日本では1911年、警視庁が刑事課を創設して鑑識係で指紋業務を扱うようになり、犯罪捜査に指紋制度が導入された。以来、「万人不同」「終生不変」の特性を持ち〝客観証拠の王様〟として捜査を支えてきた。

1982年には警察庁の指紋センターで約800万人分の指紋をDB化し、現場で採取した遺留指紋と機械で照合する「指紋自動識別システム」を導入した。2022年末現在、DBの登録は容疑者指紋が約1157万人、遺留指紋が約32万件に上る。

都道府県警は、犯罪が発生すると現場で採取した遺留指紋を警察庁のDBや疑わしい人物の指紋と照合し、容疑者特定の決め手とする。指1本には隆線という細い線の切れ目や分岐点など約100の特徴点があるとされる。日本ではこの特徴点を照合し、12点が一致すれば同一指紋と判断される。一致した場合は鑑識部門の指紋担当が「確認通知書」と呼ばれる書面を作成し、事件を扱っている捜査部門がこの通知書を容疑の裏付けとなる「疎明資料」にして裁判所に逮捕状を請求したりする。

いまは全国の警察署に、光センサーで容疑者の指紋を読み取る「指掌紋《ししょうもん》自動押捺《おうなつ》装置（ライブスキャナー）」を配備している。全警察本部と指紋センターは「遺留指紋照会端末装置」によってオンライン化され、各警察本部から指紋の照会依頼があれば最短1時間以内でのスピード回答が可能だ。

2022年までの10年以上、現場の遺留指紋と容疑者指紋DBとの照合で一致した件数は毎年ほぼ２０００件台で推移している。

警察庁は２０１３年、指紋の成分であるアミノ酸を光らせて指紋を見えるようにする装置「グリーンレーザー」を全国に配備した。同庁犯罪鑑識官付技官は「見えなかった指紋が見えるようになった。大きな進歩だ」と話す。19年には早稲田大学などが共同開発した撮像装置「ハイパースペクトルイメージャー」を導入。この装置を使ってグリーンレーザーで検出した指紋を撮影・解析すると、これまで採取できなかった、複数が重なった「重複指紋」を分離してそれぞれ画像表示させることが可能になる。捜査現場での重複指紋の検出法確立は世界的にも初めてという。警察庁はハイパースペクトルイメージャーについて操作性能の向上を図っており、日本警察の指紋採取能力はいまもレベルアップを続けている。

ＤＮＡ型鑑定に負けない指紋の優位性とは

平成の時代はＤＮＡ型鑑定が急激に発展し、科学捜査の分野で存在感を増したが、警視庁の元捜査１課長は指紋捜査になお優位性があるとみている。「ＤＮＡが示すのは『容疑者がそこにいた』ということだけ。指紋は犯行状況まで明らかにできる強みがある」。例えば凶器から指紋が採取できれば、握り方と使い方も推測できるからだ。

警視庁鑑識課の元指紋鑑定官で、約40年間、鑑識課で指紋に携わった松丸隆一は「指紋照合は個人識別の方法として最も迅速かつ確実に、簡単にできる。ルーペ一つでどこでもできるのが強みだ。１００年以上の歴史があり、容疑者ＤＢは１０００万人を超え、警察の貴重な財産になっている」と解説する。

松丸によると、指紋の照合は瞬間的なものではなく、自分の目で一つひとつの指の隆線の切れ目や分岐点である特徴点を丹念に追う作業だ。「これは間違いなく合う」と判断できたときは、感動や達成感を強く感じるという。

日本の犯罪史上、類を見ないオウム真理教事件に対する一連の捜査の突破口も、目黒公証役場事務長拉致事件で実行犯を特定したレンタカー契約書に残っていた指紋だった。元警察庁長官は「あれで何百通かの捜索令状が取れた。有無を言わせぬ客観証拠だ」と明かす。

大阪府警の機動鑑識は現在、発生現場では遺留指紋の採取を最優先としている。府警鑑識課の幹部は「スピード勝負なら指紋が絶対だ。発生当日に犯人にたどり着き、再犯を防ぐこともできる。ＤＮＡ型鑑定は時間がかかるし、そもそも容疑者が浮上してから武器になることが多い」と強調。「まったく容疑者が分からない中、現場の指紋などブツから犯人にたどり着くのは鑑識冥利に尽きる」と話す。

ただ指紋への過信が誤認逮捕を生んだこともあった。決め手となった遺留指紋が付着した経緯の裏付けがずさんだった例もあり、多くの警察幹部が「指紋一致イコール真犯人ではない」と警鐘を鳴らす。

　そうした点も踏まえつつ、指紋の付着状況から姿勢、行動を推察し、供述など捜査情報と矛盾がないかを徹底的に吟味するのが、前述した〝指紋の価値判断〟だ。巡査部長から警視までの各階級において鑑識で現場臨場した橋本は言う。「そこまで指紋を追究する価値は、十二分にある」

指紋に恩義、先達に感謝

「在職中に幾たびか指紋で犯人を割り、事件を解決した。いわば恩義がある」。警視庁の鑑識課長や捜査1課長を歴任した光真章《みつざねあきら》。指紋について語る口調は自然と熱を帯びる。日本警察の科学捜査において指紋は根源だと訴える。

　引退後の2010年10月、同じ捜査1課長OBである久保正行と英国を訪れた。翌11年は日本で指紋制度が導入されて100年となる節目だ。渡英の目的は、日本で指紋研究を始めた英国人医師の墓参りだった。

　医師は1874年に宣教師として来日したヘンリー・フォールズ。東京・築地で診療する一方、大森貝塚から出土した土器の指紋に興味を持ち研究に没頭した。英国科学誌「ネイチャー」（1880年10月28日号）で、世界で初めて指紋に関する科学的論文を発表。犯罪捜査での指紋鑑定の未来を開いた。

光真は2004年に鑑識課長となり、フォールズの存在を知る。鑑識課では当時の警視総監だった野田健の発案で、フォールズの論文発表を記念して毎年10月28日ごろに「指紋研究発表の日」を設けていた。指紋の係員らが聖路加国際病院（東京・中央区）の前にある記念碑「指紋研究発祥の地」を掃除し、夜は茶碗酒を飲みながら先達の足跡に思いを巡らせていた。野田はキャリア官僚としては珍しく警視庁の鑑識課長を務めた経験があり、鑑識には造詣が深かった。

先人への感謝と伝統の継承。光真は指紋の歴史に感化され「自分たちも研究し、もっと指紋鑑識を大事にしよう」と誓う。警察協会（千代田区）が記念碑を建てたのは日本の指紋制度50周年となる1961年。「100周年は日本警察の伝統として大々的に」。2010年にフォールズの墓参りに出掛けたのは、翌年の記念の年を盛り上げたいとの思いからだ。

2011年には警察庁が記念式典を開き、光真は申請を出して「日本警察指紋制度100周年」の切手シート1000枚を作製するなどしてフォールズの顕彰活動に取り組んだ。鑑識課OB会で寄付を募ってフォールズの肖像レリーフを作製、再び渡英してフォールズの親族に寄贈した。

全国の鑑識の現場はいまも指紋の新たな検出方法を競って研究し、犯人にたどり着く努力をしている。フォールズの顕彰活動が現場のモチベーションになれば――。光真の願いだ。

第２章

毒劇物捜査と事件性の判断

29分で〝犯人〟はサリン

農薬や工業用薬品など日常に流通する有用な化学物質のうち、飲んだり皮膚に触れたりすることで人体に危害を与える毒性の強い毒劇物が使われた犯罪は、地下鉄サリン事件や和歌山毒物カレー事件など多くの犠牲者を出し、その手口は社会を震撼させてきた。毒劇物は盗難、紛失の防止措置や容器への「医薬用外」「毒物」「劇物」などの表示が義務づけられ、毒劇物法に基づき計545物質が指定されている。物質の特定に手間取れば被害が広がり、客観証拠を得にくいため捜査が難航して「迷宮入り」する恐れもある。科学を使った捜査と、関係者の行動を詳細に探る「人の捜査」をいかに融合させるか――。

13人を死亡させ、6000人以上に重軽傷を負わせた〝犯人〟と対峙したのは東京・霞が関の警視庁に隣接する警察総合庁舎の屋上だった。

1995年3月20日午前8時20分。警視庁科学捜査研究所（科捜研）の第2化学科化学第4係主査だった服藤恵三《はらふじけいぞう》は、この庁舎の8階にいた。出勤して白衣に着替えた直後、救急車のサイレン音が耳に入る。最初は1台だったが、どんどん増えていく。7階の庶務の部屋に降りると、警察無線からは大勢の人たちの被害を伝える現場警察官の荒い声が流れていた。

霞ケ関、築地、人形町、茅場町で人が倒れている……。営団地下鉄（現・東京メトロ）3路線の各駅が修羅場と化している様子が無線から浮かんだ。

地下鉄という半密閉空間で何らかのガス化する毒物がまかれたのではないかと考え、緊急鑑定が舞い込んでくる可能性があるためすぐに8階に戻った。持ち込まれた資料から原因物質を取り出す「溶媒抽出」の準備をすぐに始めた。

9時5分。3種類の溶媒をそろえたときだった。築地署の刑事が部屋に駆け込んできた。服藤と目が合った刑事が突き出したのは、3重にした数センチ四方のビニール袋の中に入った薄い茶褐色の脱脂綿だった。「緊急鑑定をお願いします！」。日比谷線築地駅に停車した車両の床にたまっていた液体を拭き取ったものだという。刑事は捜査1課の幹部の指示で地下鉄の大惨事の原因とみられる液体を運んできた。

液体が何なのか、服藤は鑑定作業に入る前に情報がほしかった。ビニール袋を受け取ると、現場の状況を尋ねた。刑事によると、乗客の多くがせき込んだり、目の痛みを訴えたりしていた。被害が重いと手足が痙攣《けいれん》し、泡を吹いているケースも。意識がなく、心臓マッサージを受けている人もいたという。刑事は現場の状況を一通り説明すると最後にこう言った。「とにかくみんな『暗い』『暗い』と訴えていました。実は私も暗いんです。ここ電気ついてるんですよね？　夜みたいに真っ暗なんですけど」

服藤は刑事の瞳の上に手のひらをかざして影をつくってみた。瞳孔はぴくりともしない。影をつくって瞳の回りを暗くしても、瞳孔は針で刺したような小さな穴のままだ。瞳孔が開かない。「あー、これは縮瞳だ」。とっさにそう理解し、有機リン系の毒物だと推測した。有機リン系の毒物だと通常はまず農薬を疑うという。しかし、前年6月、長野県松本市で松本サリン事件が起きていた。

「有機リン系か……。やっかいだな」。8階の実験室では、強制排気ができるドラフトと呼ばれる透明な箱状の装置で溶媒抽出の作業ができるが、室内での作業は危険と判断した。以前、ドラフトで腐乱死体を扱った際、臭いが廊下にまで漏れ出たことを覚えていたからだ。

刑事に病院で治療を受けるよう促すと、自身はすぐに屋上へ走った。

刑事は車の中で2~3時間横になった後、東京警察病院で治療を受け、命には別条なかった。後日談だが、のちに科捜研の研究員から警察官に身分を切り替えた服藤が滝野川署の副署長に就任した際、この築地署の刑事も滝野川署に異動になっており、「私が（資料の脱脂綿を）持って行きました」と教えてくれたという。

服藤は屋上に駆け上ると、風上に立った。慌てていたので手袋もマスクも忘れていた。息を大きく吸い込んで止めると、袋を開け、ピンセットで脱脂綿を取り出し三角フラスコの溶媒に入れ、フタをして溶け込ませた。そうすると揮発しなくなる。屋上から降りて、抽出した液体の化学成分を分析する「ガスクロマトグラフ質量分析計」にかけた。9時34分。パソコン画面に構造式とともに文字が現れた。「Ｓａｒｉｎ」。猛毒のサリンだった。

「やっぱりサリンか……」。複雑な思いが駆け巡った。化学兵器であるサリンを製造できる人間が日本の犯罪者の中にいる。都心の通勤時間帯にそれをまくというのは、数十人、数百人を殺すことを目的としている。過激派よりはるかに怖い。日本にそんな犯罪者が現れてしまった。

すぐにサリンが検出されたとする緊急鑑定結果のメモを作成すると、科捜研所長の部屋へ向かうため廊下を走った。「早く発表しないといけない」と、気が焦っていた。情報は所長を通じ、当時の警視総監の井上幸彦ら警視庁の上層部へ上がった。

部屋で待機していると、聖路加国際病院の医師からの110番通報が、警視庁代表の交換手から転送で回されてきた。服藤の卓上の電話番号に「毒物担当の主査」と書かれていたからだ。医師は続々と運び込まれる患者について原因となった物質の情報を求めており、服藤は解毒剤であるアトロピンの服用を指示した。警視庁が発表したのは午前11時。捜査1課長の寺尾正大が記者会見した。「原因は遺留物から、サリンの可能性が非常に高い」

それから4日後の3月24日。服藤は刑事部参事官の廣畑史朗から刑事部対策室に来るよう電話で呼び出された。刑事部対策室は、警視庁本部庁舎6階の刑事総務課内の奥にある隠し部屋のような場所だ。報道協定が結ばれるような誘拐事件が起きると、警視庁はこの刑事部対策室に対策本部である「L1（指揮本部）」を設け、刑事部長ら幹部が陣取る。

刑事部対策室に入ると、廣畑のほか、刑事部長の石川重明や刑事総務課長ら当時の刑事部幹部が顔をそろえていた。警視庁は2日前の22日、捜査1課と大崎署が目黒公証役場事務長拉致事件の逮捕監禁容疑で、当時の山梨県上九一色《かみくいしき》村（現富士河口湖町、甲府市）などにあるオウム真理教の施設を一斉に家宅捜索し、多くの資料を押収していた。

廣畑らは「薬品はいっぱい出てくるし、プラントはあるわ、実験室は訳が分からないわ」などと家宅捜査の結果を説明。服藤が渡された押収品目録交付書には、薬品や化学物質のほか実験ノートやフロッピーディスクなど大量の押収品が並んでいた。化学の知識がない捜査員が大崎署で押収品の読み込みに当たっていたため、専門家である服藤に白羽の矢が立ったのだ。科捜研から刑事部対策室に特別派遣されてオウム真理教捜査の専従となり、26日には押収品の分析、解明のために大崎署に入った。

この日は日曜日だったが、何時間もかけて段ボール箱5つぐらいの資料を読み込み、必要なものをコピーして刑事部長の石川の部屋に持ち込んだ。すでに夜になっていた。服藤が解析した実験ノートやフロッピーディスクから明らかになったのは、サリンに関わる沸点や融点を測定したデータ、金属爆弾やレーザー銃の製造記録、致死性毒ガス「イペリット」や禁制薬物、プラントの設計図、把握していなかった信者の名簿、海外に逃亡するためのパスポート取得の手配など……。

深夜までかかった説明を聞き終えると、驚きを隠せない石川は「いまの話をA4で2～3枚にまとめ、明日、警視総監に説明してくれ」と求め、さらにこう付け加えた。「明日から思ったことを好きなようにやっていい。オウムの科学を解明してくれ。どこに行っても何でも見られるように手配する。1日に1回だけ報告に来て、私に話したことは寺尾1課長にも説明してほしい。他には誰にもしゃべるな。3人だけの秘密だ」。服藤が部長室を出たときには27日午前零時を過ぎていた。

この日から日中は刑事部対策室や警視庁新橋庁舎の大会議室に作られた「押収物分析センター」などを回りながら押収品の解析を進めた。上九一色村ではオウム真理教の施設の検証が続いており、現場に出向いてサティアンと呼ばれていた施設や実験棟に入ってさまざまな資料の採取を指示することもあった。毎日午前零時ごろになると刑事部長室に入り、その日の分析結果を報告するのも日課になっていた。

5月15日夜、警視庁はオウム真理教が組織的にサリンを製造し、使用したとする殺人容疑などで教団の松本智津夫元死刑囚（教祖名麻原彰晃、2018年に死刑執行）をはじめ教団幹部ら41人の逮捕状を取る。服藤は教団の科学技術の解明に取り組んだほか、膨大な〝ブツ読み〟を通して組織図が書けるほど教団の人間関係にも精通していたため、逮捕状取得でもその情報が生かされた。

そして翌16日、警視庁は地下鉄サリン事件で、松本元死刑囚らを逮捕する。松本元死刑囚は上九一色村の教団施設「第6サティアン」の隠し部屋で発見された。警視庁は犯罪史上例のない無差別テロ事件の全容解明に向け大きく動き出すことになる。

サリンは化学兵器で毒劇物法の規制対象にはなっておらず、地下鉄サリン事件を契機に1995年、サリン防止法が成立、施行された。

服藤はその後も、地下鉄で使用されたサリンが上九一色村の実験棟「ジーヴァカ棟」で作られたことを証明するなどオウム捜査に深く関わる。一連の捜査に専従したことで人生が大きく変わった。オウム捜査を経験した警視庁刑事部の上層部は、科学知識を備えた捜査官の必要性を痛感していた。その結果、服藤は刑事部対策室に特別派遣されてから1年後の1996年4月1日付で、科捜研の研究員から身分を切り替えて警察官となり、捜査1課科学捜査班の係長（警部）となる。警視庁初の〝科学捜査官〟の誕生だった。

「和歌山毒物カレー事件」でもヒ素を特定

1998年7月26日午前。服藤は警視庁6階にある捜査1課に出勤していた。電話が鳴った。警察庁捜査1課の特殊事件担当課長補佐の有働俊明からだ。有働は当時、警視庁から警察庁に出向していた。のちに警視庁の捜査1課長に就任する。警視庁捜査1課には通算で20年近く所属した〝たたき上げ〟の刑事だ。前日、和歌山市の自治会夏祭りで4人が死亡する毒物カレー事件が発生しており、専門家である服藤に毒物の鑑定について聞いてきた。

夏祭りは25日午後6時ごろ始まり、午後7時過ぎに119番通報が入る。カレーを食べた約60人が緊急搬送され、当初は食中毒とされた。だが、26日午前にかけて児童ら4人が死亡する。和歌山県警には午前6時ごろ、科捜研から「吐瀉《としゃ》物から青酸化合物が検出された」と報告が上がり、無差別の殺人事件とみて和歌山東署に捜査本部が設置された。4人の死因は「青酸中毒」「青酸中毒の疑い」となったが、原因が食中毒ではなく青酸化合物と特定されるまで最初の死者が出てから6時間半かかったことで批判の声が上がっていた。

有働の質問は、青酸の鑑定はそのぐらいの時間を必要とするのか、というものだった。服藤は「青酸の鑑定は蒸留法を使い、そのときに試薬を作ったりするので5〜6時間かかってもおかしくない」と説明、いったん問答は終了したが、翌日になり再び有働から電話が入る。「あれ青酸でいいんだよな?」」。その質問に対する服藤の答えは次のようなものだった。

それまで青酸については自殺や事件で何度も鑑定し、現場にも行ったが、現場に遺体がなかったケースは経験したことがない。青酸はそれほど速効性のある毒物。報道を見ていると、被害者は翌朝にかけて嘔吐したりして徐々に症状が悪化して亡くなっている。これはヒ素の中毒症状によく似ている。

服藤の提案もあり、毒物カレー事件の資料が警察庁の附属機関である科学警察研究所（科警研）にも持ち込まれた。科警研は、都道府県警の科捜研職員に対して専門分野ごとに研修や指導を行うなど、科学捜査についてより高度な専門知識や技術を有する研究職員が従事している。鑑定のための資機材も都道府県警の科捜研より充実している。

数日後にまた有働から電話があった。「ヒ素が出たぞ」。これに対し服藤は「ヒ素が出たのなら、亜ヒ酸を使っていますよ。あの大鍋であれだけの被害が出ているから、少々の量ではない。（犯人は亜ヒ酸を）握って入れたかもしれない」と指摘。有働は「和歌山に行ってもらうかもしれない」と言い残して電話を切った。

事件発生から8日後の8月2日、和歌山東署捜査本部は被害者の吐瀉物と三つの鍋に残っていたカレーを科警研で鑑定した結果、猛毒のヒ素を検出したと発表した。その後、4人の死因は「ヒ素中毒」に変更された。科警研の鑑定でも青酸化合物が検出されたが、ごく微量で自然界に通常から存在する程度で、捜査本部は実際に混入されたのはヒ素だけだったと判断した。

9月に入ると、服藤は警察庁刑事局長だった佐藤英彦に呼ばれ、「大変な宝探しになるが、和歌山に行ってくれ」と告げられる。毒物カレー事件とは別の容疑で林眞須美死刑囚を逮捕するXデーの10月4日は決まっていた。服藤はその1週間ぐらい前に有働とともに和歌山入りし、県警の警察学校で開かれた捜査会議から捜査本部に合流した。

会議には捜査1課、鑑識課、科捜研の関係者ら約50人が出席。林死刑囚の逮捕と同時に家宅捜索に入るため、自宅の検証でヒ素を見つけ出すための作業の手順について説明が行われた。検証でヒ素が見つからなければ、本丸の毒物カレー事件での再逮捕は難しくなる。服藤も「罪証隠滅をしているはずなのでヒ素が結晶で出てくるとは思わないでください。下水道の配管をかき出し、畳をたたいてほこりを集め、へりをこそぐような作業になります」と検証の心構えを指示した。

再び和歌山入りしたのはXデー前日。着手当日の10月4日は午前5時に現場に到着した。6時過ぎには林死刑囚を逮捕し、7時過ぎから自宅の捜索が始まった。上空は報道各社のヘリコプターが旋回し、周辺には報道陣や住民ら500人以上が集まっていた。自宅の周りは青いビニールシートで囲まれ、捜索の様子は外から見えないようになっていた。

捜索と検証を指導する立場の服藤がまず指示したのは、台所と座敷外の沓脱ぎ石だった。「台所は（林死刑囚の）お城とも言える場所。家への出入りは玄関ではなく沓脱ぎ石を使っていたようだった」と説明する。台所は下水配管を全部外して調べた。敷地内からヒ素が出ても「誰かが放り込んだ」と言い訳ができるが、室内の配管は家人の排水しか流れないので、そこからヒ素が検出されれば言い逃れができなくなる。座敷から沓脱ぎ石へは段差があり、ヒ素を持ってどんと下に降りると衝撃で粉末が周囲にこぼれる可能性があった。

翌5日には台所の配管から採取された資料が科警研に持ち込まれた。服藤は1週間滞在し、連日、和歌山県警の鑑識課員や科捜研職員らと検証に取り組むことになる。その結果――。台所配管や沓脱ぎ石の周囲、ポリ容器などから採取した資料からヒ素化合物の亜ヒ酸が検出された。さらに林死刑囚らがシロアリの駆除で使い保管していたものや自宅から見つかった微量の亜ヒ酸とカレー鍋に残っていた資料について、高輝度光科学研究センター（兵庫県）の大型放射光施設「SPring《スプリング》-8《エイト》」で不純物の量を分析したところ、すべての検体が同一であると鑑定された。捜査本部はこの年の12月9日、毒物カレー事件での林死刑囚の再逮捕にこぎつける。科学捜査官としての服藤の手腕がここでも大きな支えとなった。

毒劇物事件の難しさ

毒物カレー事件が発生した1998年は各地で連鎖的に毒劇物混入事件が起こり、「毒物列島」とも形容された。当時を知る警視庁科捜研の研究員は「化学鑑定の部屋は、まるで弁当屋だった。至る所に穴のあいた弁当の容器や空き缶が置いてあり、鑑定嘱託簿は連日

『毒』『毒』『毒』の表記で埋まっていた」と証言する。

ヒ素、アジ化ナトリウム、青酸カリ、農薬……。国民の不安感は高まり、警察庁長官だった関口祐弘《ゆうこう》は同年11月の全国会議で「模倣事件を食い止めるには確実な摘発が何より重要」と訴えた。毒物カレー事件の殺人容疑などで1998年12月9日に林死刑囚が逮捕される前日まで、混入事件は全国22都府県で計33件発生している。男性が死亡した同年8月の青酸ウーロン茶事件（長野県）などはいまも未解決だ。

毒物カレー事件も当初、混入毒物を巡り「原因物質」が二転三転するなど特定にもたつき、客観証拠もないために長期化した。聞き込みによる状況証拠を積み重ねる一方、林死刑囚宅の徹底した捜索によるヒ素の押収と、科警研によるヒ素の分析など科学捜査の成果で立件にこぎつけたものの、発生から138日目となっていた。

毒性学が専門の薬学博士で昭和大学名誉教授の吉田武美も「毒劇物を使った事件の初動でまず重要なのは、鑑定の正確性と素早さだ。特にサリンなど猛毒の場合は、被害を食い止め、治療を始めるためには『それがサリンである』と判断できるかどうかが非常に大きい」と指摘する。さらにサリンのように揮発性のあるものや青酸ガスは2次被害、3次被害が出る可能性もあり、防御と避難の両面で態勢をつくることも必要になるという。

分析機器が進化した現在は、事件で使われた毒物の種類の特定はしやすくなったとされる。だが、その濃度がどれぐらいあり、それによって被害者が死亡したということを証明できるかどうかが犯罪の立証で最も重要だ。

致死量を超えていないケースでは証明は容易ではない。急性中毒は分かりやすいが、慢性的に少量ずつ投与され、徐々に症状が重くなって死亡した場合は診断が難しく、状況によっては犯罪が埋もれてしまいかねない。

吉田は以前、警察学校で検視を担当する刑事調査官候補の警部補クラスを対象にした講義を持っていた。「犯罪死を見逃さないため、変死に臨場した際、自分が経験した範囲を超える不思議な違和感がある場合は薬毒物の可能性を考えてください」と注意を促していた。毒物絡みの事件、事故のすべてが表面化し、解決しているとは思えないという。

毒劇物事件は、日本の犯罪史の中でも社会の耳目を集めるような特異なケースが多い。被害者が多数に上ったり、連続犯行になったりして凶悪性が際立ち、マスコミや国民を巻き込む「劇場型犯罪」となることもある。

科警研によると、毒劇物は少量の摂取で中毒や死亡に至るため検出が困難なことが多く、資料の分析手法や資機材などの選択肢があるうち、どれかを失敗すれば検出できない事態に陥る。警察庁刑事局の幹部は「最新の知識と技術を駆使し、客観性が高く正確な鑑定が重要だ」と強調する。

昭和の時代は、青酸化合物を飲まされた行員ら12人が死亡した「帝銀事件」（1948年）や農薬の入ったぶどう酒を飲んだ女性5人が亡くなった「名張毒ぶどう酒事件」（61年）、保険金目的にトリカブトで妻を殺害した「トリカブト殺人事件」（86年）などが起きた。

店頭に青酸入り菓子が置かれた「グリコ・森永脅迫事件」（1984〜1985年）は多くの謎を残したまま時効が成立。この事件に関わった大阪府警科学捜査研究所の元所長は「先入観は捨てる。ある程度事件の内容は聞くが、参考程度。深入りすると分析方法を誤る。あらゆる毒物を想定した分析が必要だ」と話す。

平成では、地下鉄サリン事件や和歌山毒物カレー事件のほか、男女5人に筋弛緩剤を注射して殺害した「大阪愛犬家連続殺人事件」（1992〜1993年）、「近畿連続青酸殺人事件」（2007〜2013年）などが大々的に報じられた。

東京都杉並区の女性が宅配便で届いた青酸カリで自殺した「青酸宅配事件」は、毒物列島とも言われた1998年末に発生した。女性は「ドクター・キリコの診察室」と題するインターネットのサイトを通じて青酸カリを購入しており、犯罪ツールにもなるネットの危うさが浮き彫りになった。

当時の捜査に携わった警察庁幹部は「新しいタイプの犯罪で、犯人の特定や証拠の確保などの基本的なセオリーが手探りだった」と振り返る。

また、毒物を使った凶悪事件の動機は「個人的な恨み」「保険金目的」「金銭トラブル」「愉快犯」「無差別テロ」など多岐にわたる。犯人と被害者が直接接触しないため客観証拠が少なく、容疑者が否認すれば必然的に難事件となる。毒物の特定を中心とする「科学捜査」と、容疑者を浮上させる「人の捜査」との2本柱が定石とされ、その上で容疑者と毒物の結びつきを突き止めなければならない。

毒物事件の捜査指揮の経験がある警察庁の元幹部は「リアルタイムで現場にいないと実行できないわけではなく、犯人側が優位な犯罪だ」と説明。犯行に使われたものと容疑者側から押収したものの同一性の鑑定が極めて困難な毒劇物もある。

毒物カレー事件では科学捜査に加え、人の捜査も徹底した。林死刑囚が浮上したのは、捜査員の足で稼ぐ「地取り」「鑑取り」という従来の捜査手法によってだった。その上で関係者の行動を時系列で調べ上げて、毒物を仕込んだ時間帯と場所にアクセスできる人物を林死刑囚一人に絞り込むために膨大な状況証拠を積み重ねたとされる。

元警察庁長官の金髙は「地下鉄サリンのようなテロだと毒物の特定は秒単位で人の命を救う」と毒物特定の迅速性を重視。さらに「科学捜査は土地勘がなければできない捜査ではない。専門家が力を発揮できる捜査領域」として専門性の高い捜査員の育成を訴える。

服藤がサリン特定に要した時間は29分。直後には被害者が運び込まれた病院から警視庁に問い合わせがあり、必要な解毒剤を伝えている。服藤は言う。「毒劇物事件は殺害や傷害を企図しており、連鎖的な模倣犯も出る。捜査の出発点は鑑定。いかに早く毒物を特定するかが何よりも大切だ」

初動で見極め、許されぬ誤り

他殺か事故死か、それとも自殺か――。変死事案の行方を決定づけるのが、初動段階での「事件性の判断」だ。見誤れば犯罪が放置されることになる。遺体を調べ尽くし、周辺の状況を徹底的に考察する捜査員らの判断力が日々問われている。一方で、見極めが容易ではなく、事件と判断しても経緯が判然としないケースもある。

1991年の夏の終わり。大阪府北部の住宅街で、4歳の女児が自宅近くの公園からこつぜんと消えた。女児は午後2時ごろ、同居していた叔父に遊びに行くと伝えてから南西約100メートルにある公園に向かった。最後に目撃されたのは午後3時前。女児とみられる女の子が一人で公園にいるのを小学生らが見かけた。日中、人通りの多い場所で起きた行方不明事案。通報を受けた大阪府警は2日後、捜査本部を設置し公開捜査に踏み切った。

捜査本部は、公園周辺から範囲を広げて聞き込みしたり、警察犬を使ったりして女児を捜したが、見つかったのはさらに2日後の日曜日、自宅の南約4キロの淀川の右岸だった。魚釣りに来た会社員らが川べりの柳の木に引っかかるようにしてあお向けで浮いていた女児の遺体を発見した。溺死だった。右岸河川敷はゴルフ場となっており、当時、数十人が休日のプレーを楽しんでいた。

後に警察庁長官となる当時の大阪府警刑事部長、吉村博人は現場に臨場した。大阪では5月に小学1年の女児が行方不明後に遺体で見つかる事件があったばかりだった。吉村は淀川の遺体発見現場で、捜査1課の説明を受け、カレンダーに書き残した。〈生きたまま投げ落とし〉。捜査本部は、何者かが女児を連れ去り、川に放り投げて殺害した殺人事件として本格的に捜査をスタートした。だが捜査陣の中では肝心の女児の溺死を巡り「見立て」が揺れていた。

司法解剖では川の水を大量に飲んで死亡したと判明した。胃の内容物から淀川に多く生息するプランクトンが検出されたため、生きたまま川の水を飲み込んで溺れたのは明らかだった。服装は失踪時のままで、ミッキーマウスの黄色のトレーナーを着て「ちびまる子ちゃん」の絵入り靴を履き、乱れや外傷はなかった。死亡推定時刻は不明当日の夕方ごろ。ただ不審な人物や車などの目撃情報はない。他殺か事故死か——。判断を裏付ける決定打がなかった。

発見場所までは数キロ内の上流から流されたとみられるが、自宅から淀川の上流域までは最短で3キロ以上あった。その間には別の神崎川に架かる長い橋や交通量の多い幹線道路もあり、「4歳女児が一人では歩いて行けない距離だ」。捜査本部はこの「3キロ」を事件性あり、の根拠とした。

これに対し、捜査1課で課長に次ぐナンバー2の幹部で、卓越した知見を持つ調査官の川本修一郎は事件性を否定した。「山中でお年寄りが迷うのもそうだが、幼児でも道に迷ったら行き着くところまで行く。距離が離れているというのは事件性の根拠にはならん」

さらに、「殺人という犯罪は犯人にとって確実で安全でなければならない。川に投げ捨てて殺害するというのは不確実で、誰かに見られる危険があり安全でもない」として、川に放り投げたとする見立てに疑問を抱いた。

それでも殺人事件として徹底捜査するというのが大阪府警の組織としての方針となった。吉村は「少しでも事件の可能性があれば捜査する」と話す。捜査本部は、遊んでいた公園付近から車に乗せられるなどして連れ去られ、川岸から生きたまま投げ捨てられたとして「空白の3キロ」を埋める捜査に重点を置いた。

認知した事案が犯罪かどうかを見極める「事件性の判断」は、国民の安全を守る上で刑事警察の重要な任務だ。初動捜査の段階で判断を誤れば犯罪死の見逃しにつながり、警察の汚点となる。

「それはつまり殺人を見逃すこと。殺人犯は何の捜査もされずぬくぬくと街中を歩くことができる。殺された人たちは殺されたということを誰にも分かってもらえない。これは殺人事件を解決できないことよりも重い警察の罪だ」。こう話すのは、犯罪死の見逃し防止の取り組みを推進した元警察庁長官の金髙雅仁だ。

「検視」「解剖」「周辺捜査」。判断を支える3本柱だが、過去には犯罪死を病死や自殺、事故死と見誤ったために犯罪が闇に消えかけた事例も相次いだ。警察庁によると、2006年発覚のパロマ湯沸かし器事故（警視庁）、07年発覚の大相撲時津風部屋の力士暴行死（愛知県警）、10年発覚の首都圏連続不審死の最初の事件（警視庁）などがあり、1998年以降56件に上っている。

このうち遺体をみる専門家である検視官が臨場していたのは14件にとどまり、見逃しの重大な背景とされた。

1985年から2005年まで28件の事故が発生して21人が一酸化炭素中毒で死亡したパロマ湯沸かし器事故が発覚したのは、1996年3月に東京都港区赤坂の一人暮らしのマンションで死亡した男性（21）の遺族が２００６年3月、息子の死亡について疑問を持ち、変死事案として取り扱った赤坂署を訪れたのがきっかけだった。赤坂署は１９９６年当時、遺族に対して死因を「心臓発作」と説明していた。

死亡から10年がたちようやく冷静に息子の死と向き合えるようになった遺族は「息子の死に納得がいかない。病死ではないはずだ」と改めて不審に思うようになったという。

遺族が強く主張したため、赤坂署は事案について警視庁本部に報告。捜査1課が当時の記録を調べたところ、解剖所見では男性の血中から一酸化炭素が出ており、赤坂署は解剖結果が出る前に病死として処理していたことが判明した。さらに捜査1課は、修理業者による安全装置の不正改造が原因だったことを突き止め、経済産業省に通報。それによって１９８５年以降、同様の事故で21人が死亡していたことが明らかになった。

力士暴行死でも２００７年6月、愛知県犬山市の宿舎から病院に運ばれた時津風部屋の17歳だった力士について、愛知県警は当初、事件性はないと判断したが、死因を不審に思った両親が新潟大学などに鑑定を依頼し、暴行による外傷性ショック死と分かった。当時の時津風親方が、制裁目的で殴ったのが原因として傷害致死容疑で逮捕された。

３人が殺害された首都圏連続不審死では、２００９年2月に東京都青梅市の男性が死亡した最初の事件で、警視庁は自殺と判断。木嶋佳苗死刑囚（17年に3人への殺人罪などで死刑確定）

の公判で、検察側は冒頭陳述で「自殺と判断したのは明白な誤りだった」と初動捜査のミスを認めた。

青梅市の男性が練炭燃焼による一酸化炭素中毒で死亡する直前、木嶋死刑囚は練炭とこんろを購入しており、それが現場にあった練炭と製造元や個数が同じだったことに警視庁の捜査員は気付かなかったという。

犯罪死を見逃す事例が相次いだことを受け、警察庁は2010年1月、死因究明制度の拡充を検討する有識者研究会を設置。研究会がまとめた提言を経て、12年6月には警察署長の判断で解剖できるようにした死因・身元調査法が成立した。また、警察庁は、09年に全国で196人だった検視官を、22年には382人まで増員した。それによって検視官の臨場率も20・3％から76・6％にアップしている。

検視官は犯罪死の疑いがある変死体などの状況を調べ、事件性の有無を判断する。「遺体を見るプロ」と言われ、原則は警視階級の警察官。警察大学校の「法医専門研究科」を修了し、刑事部門で10年以上の捜査経験などが求められる。検視後、必要に応じて行われる司法解剖にも立ち会う。各都道府県警の刑事部に複数人が配置されている。

さらに警察庁は検視官が画像で遺体を確認する検視支援装置や薬物・毒物の検査キットを各県警へ配備し、遺体のコンピューター断層撮影（CT）検査も導入した。「検視」「解剖」

の環境は格段に向上。犯罪死の見逃しは2017年の老人ホーム睡眠剤混入事件（千葉県警）以降、近年まで明らかになったものはなかったが、22年に青森県警と岡山県警でそれぞれ1件ずつ発覚した。

多くの捜査関係者は「事件性の判断で最も重要なのは『周辺捜査』だ」と断言する。元警察庁長官の金髙も犯罪死の見逃しについて「問題は初動捜査。初動ができていないと、死因だけ分かっても事件性があるかどうか分からない。死因究明の力とともに初動の強化が重要」と問題点を挙げる。

水に溺れた場合、誤って川に転落しても突き落とされても死因は同じ「溺死」となり、解剖の結果だけでは事件かどうかは分からない。崖からの転落や列車への飛び込みなども、遺体の状況は自殺でも他殺でも変わらず、溺死の場合と同じことが言える。

犯罪死を見逃した56件中、死因は間違っていないが犯罪性を見落としたのは27件。その中の12件が溺死で、自殺や過失として処理されていた。

検視の実務を熟知する警察庁刑事局の担当者は「周辺捜査による裏付けが不十分だと、溺死に隠された犯罪性を見落としかねない」と説明、実感から「水は怖い」と明かす。自殺する動機はあるのか、遺書の有無は、保険金はかけられていないか、薬物を使われていないか……。「警察が遺体を取り扱うのは犯罪性があるかないかを調べるため。これが一番大きな理由」と話す。

大阪府警刑事部の幹部も筧《かけひ》千佐子死刑囚（３人への殺人罪などで２０２１年に死刑確定）の連続青酸殺人事件などを例に挙げ「死因だけで判断できないケースは多い」として、病死や自殺など犯罪性が薄いとみられる事案こそ、関係者の言動や目撃情報、現場の状況といった周辺捜査の徹底が重要と強調する。

連続青酸殺人事件では大阪府内でも３人が亡くなったが、当時は検視官ではない警察官が遺体を調べ、心疾患や原因不明の低酸素脳症と判断され、事件性が疑われることはなかった。被害者らはカプセルに入った状態の青酸を「健康食品」と言われて飲まされたとみられ、青酸特有の異変が生じなかったとされる。

幹部は「一つだけを捉えるのではなく、いろんな視点や観点からトータルに見て判断しないといけない。どれだけ多くの証拠を集められるかが大事。病死という死因だけに納得せず、病死に至った原因は何かと考えなければならない場面もある」と言う。

ただ、組織として「事件性がある」と判断し捜査を尽くしても、シロクロがつかず解明に至らないことも少なくない。

捜査陣の中でも判断が揺れた大阪の4歳女児失踪。府警は延べ3万人の捜査員を投入したが、２００６年に殺人罪の時効が成立した。だが管轄する警察署の捜査本部の看板に書かれた「戒名」（事件名）は「大阪北部における不明女児水死事案」。そこに殺人の文字はなかった。捜査1課調査官だった川本は「いまも事件とは思わん」とする一方、「捜査本部を設置したのは間違いではない。いろんな判断があり、確かに難しい事件だった」と振り返る。

女児が遺体で発見されてから30年以上が過ぎたが、犯人の姿は見えず、溺死の経緯はいまも謎に包まれたままだ。

検視官と鑑識マンと法医学者

「一番嫌なのは、どっちか分からない遺体だった」。全国で初めて検視専門の検視調査課が発足した大阪府警でゆうに１０００体以上を検視したベテラン検視官も、事件性の判断に迷う現場は神経質になったと明かす。「すべての検視についてやりきった自信はある」としながらも、青酸化合物を使った殺人事件などを例に挙げ「特殊な殺し方をされたら分からない危険はゼロではない」と語る。

遺体が発見されると、まず管轄する警察署の署員が現場に臨場することが多い。検視官には現場から電話で状況が報告され、検視官が自身も臨場するか警察署に任せるかを決定する。検視官が臨場しない場合でも、大阪府警では全署にｉＰｈｏｎｅを配備しており、遺体の状況を写真や動画で撮影し、検視官に送るので、検視官は大阪府警が取り扱うすべての遺体について関わることになる。

自分が検視して「事件性なし」と判断した遺体が後に殺人と判明する——。ベテラン検視官にとってもその不安は、常につきまとっていたという。それだけに自分が関わった検視の簡単な書類はファイルにしてすべて残している。「誰が見ても（事件性の有無が）分からない、そういう現場がなきにしもあらずだから」

警察が扱う遺体は「犯罪死体」「変死体」「その他の死体」の3分類。事件性が明らかな犯罪死体はすぐに実況見分や検証が開始され裁判所の令状に基づく司法解剖に回されるため、検視をして事件性の有無を調べる必要はない。

司法解剖以外には、事件性は薄いが死因不明の場合に行われる死因・身元調査法に基づく「調査法解剖」や監察医による「行政解剖」、遺族の承諾による「承諾解剖」がある。警察庁によると、解剖率はこの10年ほど11％前後で推移。２０２２年は９・５％だった。

検視官が〝主役〟となるのは、事件性が不明な変死体やその他の死体が見つかった現場だ。臨場し、事件性を判断する必要がある。

検視官は遺体や現場の状況を詳細に確認したり、簡易の薬物検査をしたりする。同時並行で、警察署員らが現金や通帳、キャッシュカードの有無、人間関係や保険加入の状況など、死亡者の周辺捜査を行う。病院の診察券があれば医師と連絡を取り、現病歴などを確認する。

事件性がなければ医師が「死体検案書」を作成し、遺体を遺族に引き渡す。さらに詳しく遺体を調べる必要がある場合は司法解剖や調査法解剖を実施し、事件性を判断するのが一連の流れだ。

警視庁の元鑑識課員は、現場で「三つの目」を持つよう心掛けていたと話す。①「鳥の目」で上方から現場全体を把握、②「人の目」で被害者や容疑者の動きを推測、③「アリの目」で人が動いた跡から微物や足跡を発見。元課員は「流れを多角的に追うと見えるものがある」。そうやって犯罪の兆しを捉えようとしたという。

事件性を判断するスピードも、事件解決には重要だ。元課員は「事件かどうかの見極めが遅れると、捜査態勢の立ち上がりが遅れる。そうなると犯人に証拠品を隠滅される可能性が高くなる。また新建材なんかについた指紋は、時間がたつと指紋の隆線がにじんで照合できなくなってしまう」と語った。

2022年に警察が扱った遺体は計19万6103体。うち犯罪死体は353体、変死体が1万8772体で、その他の死体は17万6978体だった。この中で司法解剖となったのは

９０１６体、調査法解剖は３２７３体だった。高齢化社会が進むことで10年後には警察が扱う遺体は年間で最大二十数万体に上るとの推計もあり、検視官の役割はより重要になると考えられる。

和歌山県立医科大学法医学講座の教授、近藤稔和《としかず》によると、警察が事件性を判断するのに役立つ、捜査の端緒となるような資料を解剖によって医学的に提供するのが法医学者の役割だという。「例えば、若い奥さんをもらったおじいちゃんが風呂場で亡くなり解剖となる。死因は溺死だが、処方されていない睡眠薬が検出された。そうなると事件かどうかの判断が必要で、ここから警察の捜査が始まる」と説明する。

現在は検視でも薬の簡易検査をするようになったが、フグ毒や毒キノコ、トリカブトなどは、瞬間的にそれを疑わない限り解剖でも突き止めるのは難しい。解剖しても漏れるかもしれない中で、解剖をしなかったら「ザルの目」はもっと大きくなる。だからこそ解剖率の向上が必要だという。

検視官は迷ったら解剖すべきというのが持論だ。セーフティーネットをかけることで犯罪死の見落としは少なくなる。

「１例でも漏れ落ちたら全部ダメになる。99体の正しい検視と正しい解剖をしても、１００

体目を取りこぼせば、それまでの99体の信頼性はなくなる」。法医学者も検視官もシビアな世界にいるのは同じだ。

事件性の判断について近藤は、警察と法医学者との間の信頼関係、調和で成り立っていると考えている。

「一つの遺体に対する警察的なアプローチと医学的なアプローチ。警察と法医学者は、双方がそれぞれの立場をリスペクトし、意思疎通と情報の共有があればうまくかみあう。警察捜査と法医学の調和がなにより重要だ」

第３章

真相に迫る

容疑者の心を開く〝鍵〟を探る

事件への関与の有無を判断し、経緯や動機を明らかにする——。日本警察の捜査で重要な位置を占めるのが「取り調べ」だ。容疑者とされる人物の心を開かせ、供述を得るには、取調官の経験や人間性がものを言う。だが「自白」に依存しすぎた捜査は時に冤罪を生み、逆に真相から遠ざかる事態も招いてきた。録音・録画（可視化）が導入され、透明性、公正性が一層求められる時代の取り調べはどうあるべきなのか。

右手の中指はペンだこができた第1関節から先が曲がっているように見える。大阪府警福島署の刑事課長代理で2005年に退職するまで、巡査部長、警部補として大阪府警捜査1課に通算20年在籍した滝谷秀男。指の変形は取調官として約20人に上る殺人事件の容疑者と対峙し、膨大な調書を書き続けた〝産物〟だ。遺体が見つからないまま起訴した戦後初とされる遺体なき殺人、警察官が殺害に関与していた会社社長の失踪など数々の凶悪事件を解決に導いた。

「最初は誰もが否認するが、全員落ちた。無罪事件はないよ。全員自供して実刑」。昭和から平成にかけての大阪府警捜査1課きっての名取調官だ。

１９９５年６月18日未明、大阪府豊中市服部寿町の屋外駐車場で、暴走族の騒音に抗議した男性２人が集団暴行を受け、うち１人が胸を刺され殺害された。滝谷は当時、機動捜査隊から捜査１課に戻り、警察署が担当する強行事件の捜査を指導する「指導班」の係長だった。その日は本部で当直勤務だったため、真っ先に現場に臨場した。被害者が約20人の暴走族に取り囲まれて襲われた屋外駐車場は「血の海だった」。

大阪ではその年の４月、吹田市で暴走族と口論になった通行人が死傷する事件があったばかりで、暴行や傷害などを繰り返す暴走族の粗暴化が社会問題となっていた。大阪府警は豊中市の集団暴行死事件で、捜査１課、刑事特捜隊、少年課、交通部からなる大がかりな捜査本部（帳場）を豊中南署に設置し、捜査１課殺人班の管理官を現場指揮官として捜査を開始した。

捜査本部は約半月後、殺人容疑で暴走族の６人を逮捕する。６人は兵庫県尼崎市などの暴走族５グループの元、現リーダーで「総長グループ」と名乗り、現場付近で週末などに暴走行為を繰り返していた。６人は別々の警察署に分散留置された。滝谷が調べを担当したのは髪を金色に染めた21歳のリーダー格の男。実際に被害者を刺した主犯で、他の５人は共犯とみられていた。

滝谷らはリーダー格の男を自宅アパートで逮捕すると室内の家宅捜索を開始。一方で男を警察署の取調室に連行した。「知らん」。男は最初、否認し、否認のまま地検に送致された。

逮捕された容疑者は48時間以内に検察に送致され、検察は24時間以内に勾留請求する。裁判所で勾留が決定すると、容疑者は10日間身柄を拘束され、裁判所が必要と認めればさらに10日間拘束される。

滝谷は、勾留がついて男が警察署に戻ってくるまでの間、思案した。「がんがんかましても無駄や」。所持品を調べていると、ある物が目についた。本格的な取り調べの流れが決まった。

滝谷は殺人の容疑者には、負担を軽くするため「殺した」という言葉を使わない。「殺した」という表現は容疑者に与える影響が大きいからだ。「落とし」にかかるときこそやんわりと語り掛ける。このときもそうだ。「アホなことやったなあ」。少しでも容疑者の気持ちを和らげ、ホッとさせようとする気配りだ。

「こんなことして何しとるねん」「もう二十歳過ぎやないか」「ガキとは違うんやで」。事件には触れず、こんこんと語りかけた。そして突破口にしたのが——。

滝谷は1枚の赤ちゃんの写真を出して、男に見せた。「この写真、何や？　大事そうに持ってるみたいやけど。まさかお前の子ども違うやろな」。写真は男が所持品の財布の中に忍ばせていたものだった。男は「俺の子です」。

滝谷はその瞬間を捉えた。

「バカかお前は。こんなかわいい子おって。子どもができた以上、お父さんやで。お父さんになった人間がそこいらの17～18歳の暴走族の子らと一緒にアホなことして。この赤ちゃんどないするんや」

否認を続けていた男は明らかに動揺した。そして「すんません。いまから考えるとアホなことしました」と、声を絞り出す。滝谷が「きちんとけじめつけて、罪滅ぼしもして、子どものいいお父さんになってやれよ」とさとすと、男は「分かりました」とぽろぽろと涙を流し、事件の一部始終を語り始めた。

「（騒音に抗議した）被害者が木刀みたいの振り回すから、頭にきた。あんとき俺が（グループの）一番てっぺんやったから、やらなしゃあないから被害者をナイフで刺した。ナイフは小川に捨てた」。完落ちの供述だった。

直後に男の供述通り、尼崎市の自宅アパート近くの川でサバイバルナイフが発見される。機動鑑識の警部が川底で光っているナイフを見つけ、飛び込んで押収したという。犯人しか知り得ない「秘密の暴露」となった。

豊中市の暴走族による暴行殺人事件の捜査が終了して間もない9月中旬、滝谷は大阪府警の捜査1課長だった川本修一郎に呼び出され、昼食をともにした。捜査1課の捜査員は捜査本部が立つような事件が発生すると、解決するまで長期間休日をとることなく捜査に従事するのも珍しくない。そのため事件が解決すると、1週間程度のまとまった休日を取得するのが普通だ。滝谷が呼び出された日は、まさに1週間の休みに入った翌日だった。

この年の7月7日、大阪市住之江区南港南の岸壁近くの海中から頭部のない女性の胴体が見つかった。翌月には両足も発見され、捜査1課はバラバラ殺人事件として大阪水上署に捜査本部を設置していた。被害者は6月下旬に家を出たまま行方不明になっていた大阪府摂津市の40代の女性と判明し、不倫相手だった50代半ばの男が容疑者として浮上した。ただ、殺人容疑で逮捕状を取るだけの証拠はなく、捜査は停滞していた。

川本が滝谷を昼食に誘ったのは、浮上していた男の取調官に滝谷を任じるためだった。捜査本部を率いていたのは、滝谷が所属する指導班とは別の班だったため、滝谷は「あっちの顔をつぶす」と固辞したが、川本は「そんな場合ちゃうねん」と半ば強引に取調官に指名した。そこで滝谷は、取り調べに着手するまでに、身辺捜査に必要な時間として1ヵ月を条件とした。男の生活や人間性を下調べする時間だ。

すぐに男の家やその周辺、実家にも足を運んだ。周囲の関係者に直接話を聞くことはしなかった。離れたところから様子を見るだけだが、男の生活ぶりを感じとることができた。男の娘が看護師として勤務していた病院にも行き、その仕事ぶりを遠目にして記憶にとどめた。

男がよく通っていたスナックがあり、夜になると捜査本部に入っていた捜査１課特殊班の主任を引き連れて店を訪れた。男のことをよく知るスナックのマスターを取り込み、男の近況についてさまざまな情報を仕入れた。「マスター、きょうはどう?」。気軽な雰囲気をつくり、毎晩のように顔を出した。ボトルを空け、カラオケを歌った。滝谷は下戸だが、特殊班の主任が酒豪だったのは好都合だった。

１ヵ月かけて身辺を徹底的に調べ上げたころ、任意同行の日が決まった。取り調べの補助には自分が所属する指導班の若手を付けるつもりだったが、特殊班の主任が「殺しの容疑者の取り調べを見たことがないので、自分に補助をやらせてくれませんか」と求めてきたので、滝谷は「ええよ」と応じた。

男を任意同行したのは捜査本部がある大阪水上署ではなく、被害者の居住地を管内に持つ摂津署だった。滝谷と主任は取調室で男が連れられてくるのを待った。主任は「自分がかましますから、先輩はええように頭なでてください」と張り切っていたが、滝谷は「相手の様子見てからやな」といさめた。

取調室に入ってきた男は明らかにしかめっ面をしていた。その表情を見た滝谷はとっさに

「これはかましたら貝になる」と判断し、「かましたらあかん」と主任に目配せした。そして男に対して「〇〇さんよー」と静かに語りかけた。「今回大変やったな。男と女の仲はいろいろあって、だから俺は嫁さん以外は女に手をださん」と続けた。

うつむいたまま黙秘を貫く男。滝谷は事前にスナックのマスターから入手していたネタを当てた。「あんたのお父さん、この前亡くなったんやな」。男が初めて口を開く。「はい」。滝谷はさらに「あんたは長男やから喪主として葬式出して、骨《こつ》拾い全部したんやな」。男は「はい」とぽつり。滝谷が問う。「遺骨で一番大事なとこはどこや」。男がつぶやいた。「喉仏です」。滝谷はここから一気に落としにかかった。

「あんたが付き合ってた女の人な、首から上が見つからず、葬式もできない。あんたが言うた喉仏、ないがな」。男の手が震えだした。滝谷は迫った。「女房がいながらも惚れて走った女の人やろ。せめて首返してやらんと、葬式して喉仏納められんやないか」。男の体はぶるぶると震えていた。

滝谷はじわりじわりと訴えかけた。「あんたの娘さん看護師さんで、しっかり仕事しとるやないか。いい年して女に血道を上げて、揚げ句の果てに死なせてしまって、恥ずかしいと思わんか。奥さん、娘さん、どうするねん……」。男の目は潤んでいた。滝谷は続けた。「家族はあんたが大変なことしとるとは夢にも思ってないやろ」。男のほおには涙がこぼれていた。5分ほどの沈黙の後、男は突然「刑事さん！」と声を絞り、滝谷の手をつかんで「すみませんでした！」と激しく泣きじゃくりだした。

ここで滝谷がかけた一言は「しんどかったやろ」だった。「警察が来るかもしれないという恐怖感はしんどかったやろ。いま『すみませんでした』と認めてホッとしたやろ。なんでこんなことやったんや」。一気に動機へと突き進んだ。

男は女性と言い争いになって殺害した経緯を語った上で、未発見だった女性の頭部を埋めて遺棄した場所まで自供した。その場所は女性と2人でよく行った公園の近くの山中だった。「惚れた女だから楽しかった思い出の場所に埋めてやろうと段ボール箱に入れて山中の眺めのいいところに埋めました」。完落ちだった。取り調べを始めてからまだ1時間たっていなかった。

頭部は供述通り、山中から見つかり、それを受けて捜査本部は殺人、死体損壊などの疑いで男を逮捕した。男は取り調べを開始してから数十分は黙ったままだったが、滝谷は下調べで分かったことを話し続けた。男の家族のこと、被害者のこと、被害者の家族のこと、男のいまの気持ちについても。男が完落ちするまでの一部始終を見ていた特殊班の主任は驚きを持ってこう語っている。「50代半ばの男があんなに泣くのかと、テレビドラマみたいでしたね。ほんまにあんなことありますすんや」

滝谷は現役時代を振り返り、こう説く。「容疑者の心を開かせるキーが必ずある。そのキーを見つけることができるかどうかだ」

取り調べへの過度な依存が生んだ冤罪事件

刑事訴訟法は、警察職員や検察官は犯罪捜査について必要があるときは被疑者の出頭を求め、取り調べることができると規定している。警察官が捜査活動の際に守るべき手続きなどを明記した「犯罪捜査規範」の中では、取り調べの心構えや留意事項、任意性の確保、裏付け捜査と供述の吟味の必要性、供述調書の作成などが定められている。日本の刑事警察は、容疑者から自白を引き出す取り調べを長く捜査の要としてきた。

「死体はどうした」「凶器は」「共犯者は」「動機は」——。証拠が乏しい事件でも、取調官が容疑者の心を開いて自白を得ることで解決に導いてきた。真実は真犯人しか語れず、自白は「証拠の王様」とされた。容疑者の贖罪《しょくざい》や更生につながることもあり、事件の全容解明を目指す捜査機関が自白を求めるのは自然な流れだった。

欧米の捜査機関は通信傍受や会話傍受、司法取引、おとり捜査などの手法を駆使し、取り調べにはほとんど依存していないとされるが、日本より検挙率は低く、無罪率も高いという。

だが日本警察の取り調べへの過度な依存は、やがて深刻なほころびも生んだ。２００７年には、鹿児島県の選挙違反や富山県の強姦事件で相次いで冤罪が裁判で認定された。

２００３年の鹿児島県議選を巡る選挙違反冤罪事件（志布志《しぶし》事件）では、公職選挙法違反罪で計13人が起訴されたが、鹿児島地裁判決は公判中に死亡した１人を除く12人全員を無罪として確定した。自白を強要するなどの県警の不適切な捜査手法が明らかになり、取り調べの可視化を巡る議論に影響を与えた。

２００２年に富山県氷見市で発生した強姦冤罪事件では、タクシー運転手だった男性が誤認逮捕され、実刑判決を受けて約2年間服役。06年に鳥取県警が強制わいせつ容疑で逮捕した男の自白から誤認逮捕が判明し、男性は07年に再審無罪が確定した。

脅しのような強引な取り調べや、アリバイも確認しないずさんな捜査……。刑事警察への信頼は失墜した。自白偏重を改めようと２００９年に全国の警察で、捜査部門以外の警察官が「監督官」として取調官による不必要な身体接触や便宜供与などの「監督対象行為」がないか確認する「取調べ監督官制度」を正式に導入したが、10年には「大阪府警暴言事件」が起きる。

大阪府警の警部補が同年9月、遺失物横領事件の捜査で浮上した会社員を約3時間にわたり任意聴取した際、「殴るぞおまえ。なめとったらあかんぞ」などと暴言を吐いたとして起訴された。会社員の弁護士がＩＣレコーダーに録音された音声を公開し、特別公務員暴行陵虐容疑などで告訴。警部補は脅迫罪に問われ２０１１年４月、大阪地裁判決で「違法な取り調べで警察捜査の信頼を損ねた」として、罰金30万円を言い渡された。

刑事警察に精通する元警察庁長官の金高雅仁は、「日本は取り調べが非常に強いツールとして機能したため、知らず知らずに捜査全体が依存してしまい、丁寧に他の捜査をせずに『早く呼び、早く調べ、早く自白を得ろ』という乱暴な捜査指揮になった面が否めない」と負の部分を認める。

２０１０年３月に再審で無罪判決が言い渡された「足利事件」も、「見込み捜査」によって虚偽の自白を引き出し、冤罪を生んだとして、再審公判で強引な取り調べが明らかになった。栃木県足利市で１９９０年５月、パチンコ店で女児（４）が行方不明になり、翌日に近くの河川敷で遺体が見つかった。栃木県警は91年12月に殺人容疑などで菅家《すがや》利和さんを逮捕。菅家さんは一審途中から無罪を主張したが、２０００年７月に最高裁で無期懲役が確定した。再審請求後の再鑑定で、証拠となったＤＮＡ型が一致せず、09年６月に釈放され、同年10月から再審公判が始まり、逮捕から約18年ぶりに無罪となった。

金高によると、証拠として価値がある自白は、完全な秘密の暴露がなくても、物的証拠ときちんと一致して説得力ある部分が含まれ、人を殺したときの状況説明では、感情を抑えきれなくなった様子が調書の中から読み取れるという。菅家さんの取り調べ状況を検証するため、供述調書と供述の一部が録音されたテープを確認したところ、「調書は迫真性がうかがえず、非常に平坦な内容。テープでは、取調官は成果が出るまで同じことを聞き続けたりしていた。想像しながら言ったりしているのかなと感じさせられた」そうだ。

容疑者への自白強要など違法な取り調べを防止し、公判で供述の任意性や信用性を立証するため、司法制度改革の一環として取り調べの録音・録画（可視化）の試行が始まり、警察では警視庁、千葉、埼玉、神奈川、大阪の5都府県警が２００８年から開始、翌09年度から全国に拡大した。

２０１９年6月の改正刑事訴訟法施行で裁判員裁判対象事件の全過程の可視化が義務化された。公判での客観証拠重視の傾向は定着し、警察捜査にもその影響は及んでいる。可視化が定着した現在、取り調べを巡る環境は過渡期にある。

取り調べ力の低下という難問

全国の刑事警察を指導する警察庁刑事局での経歴が豊富な長官の露木康浩は、可視化の導入によって取り調べの環境が厳しくなったことに加え、急速な世代交代によって「人間味ある調べ官」が育たない組織の現状を不安視する。

自白はそれ自体を証拠として使うだけが目的ではなく、その中に犯人しか知らない事実があり、それを裏付けることが重要となる。凶器の購入場所に関する自白が間違いないことを、売上伝票や防犯カメラの画像で証明できれば、供述証拠は客観証拠へとつながる。客観証拠の根底にあるのが供述証拠だ。

露木は「真犯人に真実を語らせ、贖罪によって真人間に戻すという取り調べの重要性は時代を超えた価値がある。取り調べの難しさを克服する努力を警察は続けないといけない」と話す。

7人が殺害された2008年の秋葉原無差別殺傷事件など数々の重要事件の捜査に携わった警視庁の元捜査1課理事官は、近年、防犯カメラのリレー捜査方式を優先させたため、捜査員のコミュニケーションの能力が低下して聞き込みの力が落ち、その延長線上に取り調べが従来ほど機能しない悪循環があるとみている。取り調べ力の低下によって動機の解明が困難になる事態を懸念し、「本来は複合的である動機を一つひとつひもとくには、聞き出す能力が不可欠」と訴える。

警察幹部の多くは、時代の変化にとらわれることのない取り調べの意義を強調する。供述に基づく凶器や被害者の遺体の発見など、決定的な客観証拠が生まれるのも自白が起点となるからだ。

刑事警察には「割れないのは刑事の恥」とする文化があったとされる。「割る」とは取り調べで「自供させる」「自白させる」という意味の隠語だ。無理な取り調べや供述の強要といった負の側面を生んだ過去もあるが、「割る」ことは多くの場面で、腕の良い刑事が切磋琢磨する原動力になってきた。

割らなくては、山奥に埋められた遺体は発見できず遺族の元に遺体を返すことはできない。割らなくては、組織犯罪は実行犯の逮捕だけに終わり、組織の中枢にメスを入れることはできない。割らなくては、真相が解明できない事件は多い。

自白「偏重」ではなく自白「重視」だ、と語るのは元大阪府警捜査１課長の川本修一郎。「犯人しか知らない秘密を暴露させる自白は、いまでも証拠の王様。知恵を絞り根気よく追及する。粘って、自供を得る努力を惜しむな。自供が真実なら必ず裏付けが取れる」と、取り調べの価値について語る。

容疑者の故郷に足を運んで生家や墓を確認し、通っていた学校を訪ねて教師や友人から人間性や弱点を拾い集める。自白への決断を促す「糸口」がないか日夜頭を悩まし、容疑者と向き合う――。警察庁の別の幹部は「名調べ官に共通するのは経験で培った人間的な魅力。その経験を組織としてどう吸い上げるかだ」と話す。

国選弁護制度の対象拡大によって容疑者の段階から弁護人が付き、否認や黙秘して裁判に臨むという防御が増えたことによって、自白が得られなくなったのが取り調べを巡る現状とされる。

元警察庁長官の金髙は「いまは追及的な取り調べだけだと限界がある。通信傍受や司法取引も活用し、あらゆる捜査で可能な限りの証拠を集め、それを『武器』に取調官が真実を追うという取り調べの在り方が必要」とした上で、「事件の全容解明に取り調べは欠かせない。地下鉄サリン事件も実行犯の供述があったから全貌が分かり、教祖の指揮が立証できた。その重要性が変わることはない」と力説した。

心理学で手法を磨く

適正な取り調べを維持し技能向上も図るため、警察庁は2013年5月、警察大学校に「取調べ技術総合研究・研修センター」を設置した。否認や黙秘事件が増える一方で、世代交代で経験豊かな捜査員は減っている。取り調べによる真相解明は困難になっており、心理学の知識を取り入れて取り調べの手法を磨くのが狙いだ。

センターでは年に5〜6回程度、「取調べ技術・捜査指揮研修科」（10日間）を開講しており、各警察本部の警部クラスが受講し、学んだ技術を警察本部に戻って若手に伝えている。

研修科では、取り調べで真実の供述を得るための技術やその伝承方法について心理学的知見を取り入れた教本「取調べ（基礎編）」に基づき、容疑者や参考人、目撃者との間に、心理学で「信頼関係」を意味する「ラポール」を築くための工夫を学習する。

自供を促すための態度や、質問の方法などを身につけることも目的だ。受講者が取調官役や容疑者役となる模擬演習もあり、教官が「一方的な追及だった」「容疑者にもっと自由にしゃべらせるべきだ」などと講評するという。

取り調べの録音・録画（可視化）に関する業務を担当する警察庁の幹部は「供述でしか明らかにならない事実がある。録音、録画される中でも自然な取り調べができるよう技術を向上させなければならない」と話す。

大阪府警捜査1課に巡査から警部まで計約25年所属した小林潔史は２０１１年に刑事総務課管理官で退職する前に、可視化に関わる指導係を担当した。「時代は移り、調べの環境も相当変わった。それでも調べるときの気持ちの基本は一緒」。自身の経験で印象に残っているのは、あるオウム真理教信者の取り調べだ。

地下鉄サリン事件が起きる前日の１９９５年3月19日、大阪市中央区にあったオウム真理教大阪支部の信者らによる拉致事件が発生し、小林は逮捕された容疑者のうち20代の女性信者の取り調べを担当した。

女性はマインドコントロール（洗脳）されていたので、最初はそっぽを向いていたが、母子家庭で育った環境や、バレーボールで活躍していたが膝のけがで挫折した経緯などを質問するうちに徐々に打ち解けて話をするようになる。小林も自身の家族のことなど身の上話をして関係を構築した。

女性は事件のことだけではなくオウム真理教への入信の経緯、道場での生活、組織のピラミッド型のステージ、ホーリーネームのことなどオウムの実態を説明してくれたという。それから約3年後だった。

大阪府警本部にいた小林の卓上電話が鳴った。電話に出ると「オウムの事件のときお世話になった○○です」。取り調べを担当した女性からだった。オウムを脱会し、結婚して子どもができ、幸せに暮らしていることの報告だった。小林は「取り調べはハート・トゥ・ハート。情けをかける情ではなく、心の通じ合う情を交わさないと、本当のことは聞けない」と振り返った。

記憶を探るポリグラフ

取り調べに関しては、警察捜査で広く活用されているポリグラフ（うそ発見器）検査も欠かすことができないツールだ。殺人や放火、強盗などの強行犯だけではなく、知能犯や薬物犯、ひき逃げ事犯などの容疑者に対しても有効とされる。容疑者をポリグラフにかけて心証を得た上で取り調べを開始する捜査幹部は多い。共犯者や余罪の有無を調べる際にも使われている。

ポリグラフ検査は、呼吸や脈拍、指先の皮膚の発汗など生理現象の変化を測る装置を用い、事件に関する被験者の記憶の有無を確認する。否認の状態からでも客観証拠を生み出すことがあり、全国の科学捜査研究所で年に4000〜6000件実施されている。

中でも多いのが大阪府警で、2008〜2022年の年間平均は約1600件に上る。全国最大の陣容を誇る警視庁でも平均350件前後なので、その数は突出している。元大阪府警科捜研所長の荒砂正名《あらすなまさな》は「大阪は以前から『推定質問法』を導入し、成果を出してきた経緯がある」と説明する。

推定質問法は、1問につき五つから六つの「回答」を用意し、被験者の反応に関するデータによって真犯人しか知り得ない事実を探る方法だ。例えば失踪事件に関して行方不明者と最後に接触したとみられる人物のポリグラフ検査で、不明者と最後に会ったと主張する日時とは違う日時に反応が出れば、その人物は虚偽の証言をしていることになる。失踪事件に関わっている可能性があることが分かり、そこからは殺害方法、遺体の遺棄場所などを追及することになる。

1997年4月に大阪府高槻市のパチンコ店従業員寮で店員が殺害された事件。強盗殺人容疑で逮捕された20代の男は否認しており、返り血を浴びたはずの着衣を見つけ出すため府警はポリグラフ検査を行った。

現場周辺の地図を「A」から「H」の8区域に分け、着衣を捨てた場所を質問。「Aですか？」「Bですか？」「Cですか？」と差異がないように聞き、反応が出た区域は拡大した上で、また8分割して同じ質問を繰り返す。

そうやって分割と拡大を続けて地域を絞り、最終的に特定されたのが100台ぐらいの車がとめられる付近の駐車場。機動隊員も投入して捜索し、駐車場内のゴミ捨て場で、血の付いたTシャツが見つかった。男は被害者の部屋に侵入してそこにあったTシャツを着てから、戻ってきた被害者を刺すなどして殺害し、血の付いたTシャツは捨てていた。男の供述がない中、この検査だけで重要な物証となる被害者の血の付いたTシャツを入手できたという。

大阪府八尾市で1997年4月、妊娠8ヵ月の郵便局員の女性が自宅近くで刺された事件は、殺人未遂容疑で逮捕された20代の男が「むしゃくしゃしており、知らない女性が幸せそうに見えたので刺した」と供述した。当初は通り魔的な犯行とみられていたが、捜査員の一人が「しっくりこない」と疑問を抱いたため、男にポリグラフ検査が実施された。

▽被害者の夫の勤務先郵便局は「〇〇郵便局」、▽被害者の勤務先は「銀行・郵便局」、▽

被害者の居住先は「添付地図F」、▽被害者の居住階は「2階」——にそれぞれ明確な反応があり、さらに犯行経緯の質問に入ろうとしたところ、男が「質問内容から意図はもちろん、結果がどう出ているかも分かった。もう隠せない。経緯を正直に言う」と自ら真相を話し始めた。

被害者の夫である郵便局員の男性と同じ職場に勤め、男性と不倫関係にあった女から「不倫相手だった男の奥さんを殺してくれたら一緒に暮らす」と持ちかけられ、事件に及んだという。府警は男の供述によって、犯行を依頼したとする殺人未遂容疑で女を逮捕することができた。

約8000人への検査を行った実績がある荒砂は「ポリグラフは捜査側が知らない事実を見つけ出すのが目的。刑事というのは否認されると、『本当にこれでいいのか』と心が揺れる。ポリグラフによって一つでも二つでも材料が得られれば、取調官は心理的に有利になり、自信を持って追及できる」としている。

名取調官のコミュニケーション能力

解決の糸口がつかめない凶悪事件や、存在さえ知られていない殺人事件。軽微な犯罪で摘発した容疑者に対する「余罪捜査」で、それらの重大事案への関与が思いがけず判明するケースもある。隠された犯罪を見逃さず、いかに事件の全体像を明らかにするか――。DNA型鑑定などの科学的手法だけではなく、人格や性癖を見抜き、供述を引き出す取調官の力量が大きくものを言う。常習性の強い窃盗犯の余罪捜査に情熱を注ぐ刑事もいる。余罪摘発に挑む現場の動きを探った。

阪神・淡路大震災の発生から間もない1995年3月上旬、大阪府警本部の捜査1課長室に「殺人班」の班長が姿を見せた。当時、捜査1課には六つの殺人班があり、一つの班は警部以下6～7人で構成されていた。鑑識課長だった川本修一郎が捜査1課長に就任してから1週間もたっていなかった。班長は1枚のチャートを川本に渡した。大阪府箕面市の山林で1994年4月、飲食店の従業員女性2人〈38〉と〈45〉のバラバラ遺体が見つかった連続殺人事件のチャート図だ。容疑性のある不審人物として男3人もリストアップされていた。

捜査状況の説明を受けた川本は、男3人のうちの1人だった鎌田安利・元死刑囚（2016年の死刑執行時〈75〉）に捜査を絞るよう指示する。被害者の女性2人との接点が明らかになっていたのは鎌田元死刑囚だけで、他の2人は被害者との関係性を示す資料、証拠は一切なかった。

川本の指示から約1ヵ月後の1995年4月上旬、捜査1課は、倉庫から衣服を盗んだとする別件の窃盗容疑で元死刑囚の逮捕に踏み切った。このころ捜査1課は、奈良県広陵町の竹林で85年6月、福祉施設寮生の女性（19）のバラバラ遺体が見つかった殺人事件についても、元死刑囚の関与を疑っていた。

捜査1課は、飲食店従業員2人の殺人事件と奈良県警が捜査していた福祉施設寮生の殺人事件の手口が酷似していることに着目。捜査を進めると、寮生の殺人事件の発生時、捜査本部（帳場）のある奈良県警高田署に送り付けられた捜査陣を挑発するような手紙に付いていた指紋が元死刑囚のものと一致していたことが分かった。当時、奈良県警も元死刑囚について捜査したが、居所がつかめず寮生の殺人事件は未解決のままだった。

飲食店従業員2人の殺人事件の捜査本部には、捜査1課の二つの殺人班が投入されていた。そのため、別件の窃盗容疑で逮捕した元死刑囚の取り調べには、うち一つの班の取調官が当てられたが、元死刑囚は1勾留（10日間）が過ぎても否認し、捜査は壁にぶつかっていた。窃盗容疑を認めさせることができないようでは、〝本丸〟の殺人容疑には進めない。

捜査1課長の川本は調べ官の交代を決断し、警察署が担当する強盗などの強行事件の捜査を指導する「指導班」の係長で巡査部長だった菊谷和吉にそれを命じた。容疑者の取り調べに別の班の捜査員を当てるのは、本来、禁じ手だった。捜査本部を設けるような重要事件ではなおさらそうだが、川本は躊躇《ちゅうちょ》せずに菊谷を呼び出した。菊谷について、捜査1課で3

本の指に入る取調官として評価していたからだ。

菊谷は「俺の信条は、人のガラ（被疑者）は触らん。俺は行かん」と取調官への就任を拒否するが、川本から「盗っ人もよう割らんのか」と挑発され、「なにを言っとんねん」と応じたことで乗せられ、鎌田元死刑囚との半年以上にも及ぶ長い付き合いが始まることになる。

飲食店従業員2人の殺人事件は箕面市で遺体が見つかったため、箕面署に捜査本部が置かれていたが、実際の帳場は大阪市中央区の大阪府警本部庁舎に近い監察医事務所の2階に設けられていた。捜査の動きをマスコミに察知させないためで、重要事件や捜査の重大局面ではこの場所が「裏の捜査本部」になることがあった。さらに元死刑囚の身柄が入っていたのは曽根崎署で、一部を除きほとんどのマスコミは捜査1課の動きに気付いていなかった。

菊谷は取調官に任じられると、その足で曽根崎署に向かい、取調室に入った。窓のない2畳ほどの部屋。机を挟んで鎌田元死刑囚と向かい合った。菊谷の隣では、菊谷と元死刑囚のやり取りを筆記する立ち会い捜査員がノートを開いていた。

ポロシャツ姿のずんぐりした元死刑囚は、ぶすっとして身構えていた。窃盗容疑ですら否認したため、前任の取調官が熱くなり、むきになって追及していたからだ。

菊谷は「真剣にがーっとなるだけやったら容疑者は話さへん。そんな余裕のない取調官に自分の命は渡されへんやん」と説明する。

菊谷は事件に関わる要素について真剣に聞きながらも、一本調子にならないよう雑談をふったり、冗談を言って笑わせたりし、自分も笑った。元死刑囚の言葉には「はあ、そうかー」「ほー」と必ず相づちを打ち、元死刑囚の意識を常に自分に向けさせた。そうやって数時間。「(元死刑囚の気持ちを)柔らかくして窃盗をうたわせ(自白させ)、調書にサインさせた」という。

面食らったのは隣にいた立ち会い捜査員だった。「え? うたった?」。驚きの表情を浮かべていた。前任の取調官のときも立ち会いに付いていたので、これまでかたくなに否認していた元死刑囚の態度を見ていたからだ。

元死刑囚が2勾留目に入ったころ、菊谷は満期までその身柄を持つことになった。事件を担当していた二つの殺人班の班長から「殺しの調べではうちの班の取調官を当てるから」として、窃盗容疑だけの取り調べを指示されていた。5月1日に窃盗罪で起訴になってからは、殺人容疑にまったく触れることなく、元死刑囚の細かな生い立ちに迫った。

「俺の手に乗ったから盗みが割れたんや。(殺しまでしゃべらせるには)もっと手の上に乗せて裸にせなあかん」からだ。そのためには「話をさせるということが大事。聞かなしゃべれへんやん。だからこっちもずーっとしゃべらなあかんねん。それが大変や」

菊谷によると、生い立ちの聴取は「(容疑者が)物心ついたぐらい」から始まり、そこから小学校、中学校、高校へと続く。例えば、学校の成績についても「算数好きか、国語好きか、体育か?」と尋ねる。「国語です」と答えると、その理由を問う。そうやって会話を広げる中で、学生時代に事件を起こして保護されたり、けんかして停学になったりしたことなどが明らかになる。

さらに「『そのときお前どう思ったんや』とか『相手はどんなやつや』『相手をどう思った?』とものすごくこまかーく聞いて手の上に乗せ、あいつの考えを全部言わせんとあかんねん」と言う。

菊谷は元死刑囚が感じたこと、思ったことに耳を傾けた。やり取りは、故郷を離れて各地を転々とし、大阪・西成に出てきた経緯やそこでの生活ぶりにも及んだ。元死刑囚の本心を聞き出すため、自尊心を傷つけないよう細心の注意を払った。

他の捜査と同じように取り調べも午前中から始まるのが通常だが、菊谷が元死刑囚を留置場から出して取調室に呼ぶのは毎日午後1時だった。「午前中は周りが騒がしいし、10時から正午までの2時間あっても調べにならへん。昼1時に呼べば午後5時まできっちりぐーっとできる。メシ食って静かになった午後7時から10時ごろまで、ここらへんで詰めるわけや。割らなあかんやつに無理させられへんから、朝はゆっくりさせる」。元死刑囚への気配りだった。

鎌田元死刑囚はやがて10歳年下の菊谷のことを「おやっさん」と呼ぶようになる。菊谷は「お前のほうが年いっとんねん」とやり返す。元死刑囚はさまざまな出来事を振り返った。生い立ちを巡るやり取りは次のような調子だった。

「そんな昔の話でっか？」

「そうやて」

「そんなん覚えてまへんて」

「覚えてないことない。覚えてることだけ言えや」

「そうでっか。なら……」と元死刑囚が説明すると、「ほら、覚えとるやんか」と菊谷。テンポよく会話を進めた。

元死刑囚は「いままでしゃべったことありまへん」と言いながらも、自身の人生を語った。立ち会い捜査員はそれを一つずつ調書に書き留める。元死刑囚の話で裏付けが必要な場合、菊谷は帳場の夜の捜査会議でその内容を川本ら幹部に復命することがあった。だが、細かいことまでは報告しなかった。それは「(取り調べは) 俺とあいつの勝負やから」

犯罪の重要な背景は、それぞれの生い立ちによる人間形成の過程にあるという。コミュニケーションを深め、その過程を解きほぐしていくと、元死刑囚の人間像が浮かび上がった。幼少期から育った環境の近くには旅館の赤線地帯があった。元死刑囚は女性に対して「いつでも代用が利く存在」として歪んだ思いを抱いていることが分かった。

菊谷は飲食店従業員2人の殺人事件や福祉施設寮生の殺人事件について一言も触れることなく、生い立ちを聞き進める中で、心中ではこう確信するようになる。「ああ、なるほどなあ、（犯人は）こいつやな。こいつやからやったんやな」。菊谷が取り調べを始めてから約20日が過ぎていた。

元死刑囚はこのころ、何でもしゃべる「裸」の状態になっていたという。菊谷は「ここまできたら勝負や。あとは殺ししかあらへん。突くんやったらいま突かなあかん」と、帳場を持つ殺人班の班長らに進言した。班長らは捜査会議を開き、菊谷に代えて自分たちの班に所属する元の取調官の再登板を決定。取調官は女性3人に対する殺人容疑で元死刑囚を追及するが……。

翌朝、菊谷の自宅に帳場から電話が入る。「(元死刑囚が) 呼んどるから、曽根崎署に行ってくれへんか」。取り調べから外れたばかりでけげんに思いながらも、菊谷は曽根崎署に急いだ。取調室で待っていると、元死刑囚が「朝から呼び出してすんませんな」と、立ち会い捜査員に連れられて入ってきた。菊谷が「なんやのん、お前」と返すと、元死刑囚は「聞きたかったのは盗みちゃうやろ、殺しでっしゃろ。おやっさんだから言うんや。話すのはおやっさんや」と、唐突に切り出し、殺人容疑について全面自供を始めた。

箕面市の山中でバラバラ遺体が見つかった事件について被害女性２人の名前を挙げ、「あの事件やったのわしですわ」。間髪容れずに「奈良のありまっしゃろ、あれもわしですわ」と自供し、捜査本部が関与しているとみていた女性３人の殺害を認めた。しかし、自供はそこでは終わらなかった。

「公美子ちゃんありまっしゃろ」

「え？　お前公美子ちゃん事件もやったん！（他の被害者と）年齢が全然ちゃうがな」

「いやいや、公美子ちゃんの事件もわしがやりました」

公美子ちゃんとは、大阪市住吉区で１９８７年１月、自宅近くから車で連れ去られ、同年５月に大阪府豊能町《とよのちょう》の山中で他殺体で見つかった小学校３年の辻角公美子ちゃん。事件は未解決のまま約８年が経過していた。

実は菊谷が初めて捜査１課勤務となったのは公美子ちゃん事件発生の翌１９８８年春で、最初に担当したのも継続捜査が続いていた公美子ちゃん事件だった。それだけに菊谷は平静を装いながらも、胸中では「こいつやったんか！」。強い驚きとともに因縁を感じざるを得なかった。

元死刑囚はなおも続けた。

「うそと違いまっせ。これ（被害者４人）は全部、新聞とかに出とるから信憑性分からへんやろ。恥かかさんためにちゃんと言います。顔に泥は塗りませんわ。その証拠にもう一つ出しますから。5人目おりまんねん。（報道に）出てないやつありまんねん。神戸に捨ててまんねん。5人目ですわ。わしの言うことは確かです。間違いないです」

4人目の公美子ちゃんと5人目の被害者は、捜査陣もまったく関与を把握していない「余罪」だった。5人目については関与以前に被害そのものが明らかになっていない事案で、事実なら完全な「秘密の暴露」となる。

菊谷はまず、1枚の紙に5人の殺害を認める「自供書」を元死刑囚に書かせた。1件ずつは表題程度の簡単な内容の自供書だ。そこで昼食をとらせる間に、川本に「うたいましたで」と電話で報告。帳場を持つ班長らは慌てて駆けつけてきた。菊谷は班長らの指示で、午後からは一つひとつの事件をそれぞれ2～3枚の自供書にまとめた。元死刑囚はこの日の取り調べが終わった後に次のようなことも明言している。

「調べでは絶対、うそ言いません。ごまかしもしません。そやけど裁判では否認しますから。言うたらすぐに死刑やから。俺の人生やから否認して延ばします。頑張って80歳になったら、俺すっといきますから」

大阪府警捜査1課は奈良県警と合同捜査本部を設け、自供した直後の5月12日、福祉施設寮生の女性に対する殺人容疑で鎌田元死刑囚を再逮捕した。1985～1994年に女性5

人の命が奪われ「警察庁広域指定１２２号事件」となる凶悪な連続殺人は、この日から本格的な裏付け捜査が始まった。

捜査本部は9月にかけて、被害者5人の殺人事件を順次、立件する。捜査本部が最後に立件したのは公美子ちゃん事件だった。

公美子ちゃん殺害は被害者5人のうち3番目に発生した事件で8年が経過して物証がなく、立件の鍵になったのは菊谷の取り調べを記録したノートだった。立ち会い捜査員は、菊谷と元死刑囚のやり取りについて、冗談まで含め一言一句漏らさずすべてを筆記していた。公美子ちゃん事件についてはそれだけでノート2冊近くになっていた。このノートを読んだ検事はこう感想を漏らしたという。「ああ、もう間違いない。こいつしかおらへん」

一方で菊谷は、元死刑囚の取り調べについて「笑いながら緊張していた」と明かす。「(犯行を)やった」という供述を引き出せても物証が得られないと、供述がおかしいと捉えられることもあり、常にストレスを抱えていた。帰宅して一人になり、翌日の取り調べについて「どこから向けようか」「どういこうか」と考え始めると、構想がまとまらずに眠れなくなり、睡眠薬を服用することもあった。

元死刑囚との距離感には最も気を使った。冗談を言って同じ目線を保ちながら、「取調官の俺のほうが上におるんやで」ということを言葉には出さずに分からせるよう心掛けた。

「頼ってこられるようにしとかなあかん」からだ。

大阪地検は10月中旬に公美子ちゃん事件を起訴し、捜査はほぼ終結した。窃盗容疑で鎌田元死刑囚を逮捕してから半年が過ぎていた。

減ってきた余罪摘発が意味するもの

窃盗や強盗、強制わいせつなど常習性のある犯罪には多数の余罪が潜む。軽微な犯罪の容疑者が殺人などの重要未解決事件に関与していることもある。余罪摘発は事件の全容解明につながり、刑事警察の重要任務とされる。

窃盗犯について警視庁の刑事は、多くの余罪がある容疑者のことを「１００件ボシ」と呼び、摘発を競ってきたとされる。窃盗犯は刑法犯の認知件数のほぼ7割を占め、余罪の割合も高い。国民にとっては「身近で発生し、自分も被害に遭うかもしれない」といった不安感の強い犯罪だ。

良好な治安の維持のためには適切な摘発が欠かせない。警察庁も２０１８年12月、特に組織窃盗犯と常習窃盗犯への取り組みと余罪捜査を強化するよう全国の警察に通達を出している。

余罪を引き出す日本警察の捜査手法は取り調べが中心となってきた。最初につかんだ容疑で摘発する「本件」に比べ、取り調べ開始以降に裏付けられる余罪の場合は容疑者の供述が鍵を握る。警察庁広域指定１２２号事件を指揮した川本も「取調官の自供を得る能力がなければ、余罪だった未解決事件は解決しなかった」と言い切る。

ただ２０１４年版の警察白書を見ると、13年中の窃盗犯の余罪摘発は約11万件で、10年前から半減した。摘発数に占める余罪の割合は46％で、20年間で28ポイントも低下している。23年の余罪摘発は５万８０００件とさらに減少し、余罪割合も落ちた。警察が治安のため特に摘発に力を入れる重要犯罪と重要窃盗犯も、余罪の摘発、割合とも同様に減少傾向が続く。

実はこの間、検挙率自体は重要犯罪、重要窃盗犯とも上昇している。防犯カメラの画像捜査が近年、圧倒的な威力を発揮しているからだ。容疑者が余罪となる次の犯行に手を染める前に早期摘発されている、との見方がある。

一方で、警察内部には「余罪摘発減少は供述が得られなくなったため」という危機感もある。警察庁捜査１課幹部は、否認事件の割合が増えるなど取り調べを巡る環境の変化を指摘する。「画像や携帯電話、通信ログなど客観証拠収集のための捜査事項の増加も影響している」とみている。

警察署の盗犯係から刑事生活をスタートさせる捜査員は多い。盗犯捜査は若手が行動確認や取り調べなどの実務を学ぶ大事な機会となる。大阪府警の元刑事は窃盗犯の余罪捜査で「取り調べの技術が身についた」と話す。

盗犯捜査に詳しい警察庁刑事局の担当者によると、取り調べで得た供述で犯行を立証するのが長く主流だったが、否認や黙秘が多くなったため、捜査で入手した客観証拠を取り調べで容疑者に当てて追及したり、客観証拠の積み重ねで犯行を裏付けたりする手法が増加している。本件や余罪1件の立証に時間も労力もかかるようになったという。

担当者は「余罪が解明できれば被害者に報告できるし、被害回復の可能性もある。1件でも多く余罪を摘発したいという思いは昔もいまも変わらない」と語った。

犯罪学が専門で在イタリア国連犯罪司法研究所での勤務経験もある龍谷大学の教授、浜井浩一によると、刑法犯の認知件数が最悪だった2000年代に入り、年間35万件程度だった警察安全相談が70万件、90万件、100万件と急激に増加した。女性や子どもが主な被害者となるストーカーやドメスティックバイオレンス（DV）を立件するようになったため、警察は余罪の捜査にまで手が回らなくなった可能性があるという。

さらに浜井は「余罪捜査が困難になった最大の理由は、監視カメラを使った捜査に走り、取り調べや聞き込みでのベテランの技術が必ずしも受け継がれなくなったためではないか。カメラ頼みとなって尋問スキルが落ち、話を聞き出せなくなっている恐れがある。強引にやると冤罪を生む危険があるが、被疑者や目撃者との人間的な交流の中で正確な情報を引き出す力は不可欠だ」と推察する。

警察庁の官房幹部も「取り調べのノウハウ伝授がスムーズに進まず、客観証拠を集める手法に向かざるを得なかった面もある」と実情を明かす。

現在の捜査構造はすでに〝科学〟が多くを占め、余罪捜査でもＤＮＡ型鑑定が浸透している。２０２１年10月には、銃刀法違反容疑の対象となった男が、ＤＮＡ型捜査によって20年前に広島県福山市で起きた主婦殺害の容疑者として浮かび、逮捕に至っている。

それでも余罪摘発の端緒は依然取り調べが最も多い。２０２３年中に摘発した重要犯罪の余罪約１０００件中55％は取り調べが端緒だ。重要窃盗犯は約１万９０００件のうち88％に上っている。警視庁刑事部の幹部は「自供なしの余罪立件はまずない」と断言する。

警察庁広域指定１２２号事件の５人目の被害者については、鎌田元死刑囚の供述通り、１９９５年５月、神戸市西区の山林で、白骨化した遺体が見つかり、大阪市東住吉区の主婦（46）と判明した。取調官だった菊谷が引き出した余罪は完全な「秘密の暴露」となった。

菊谷が最後に鎌田元死刑囚と会ったのは大阪高裁の法廷だった。元死刑囚は通告した通り、大阪地裁の一審の段階から5人殺害の起訴事実を全面的に否認し、弁護側も「捜査段階の自白は警察官の暴行で強要されたもので信用性がない」と真っ向から争う姿勢を見せたため、取調官だった菊谷は証人として法廷に出廷し、元死刑囚と対峙した。

取り調べに関する弁護側の質問に対して菊谷が陳述すると、元死刑囚はすかさず「おやっさん、適当なこと言うな」「うそついてますなー」と声を張り上げ、横やりを入れた。長時間の尋問が休憩に入り裁判官がいったん退廷すると、元死刑囚は好戦的な態度から一転して「おやっさん、遠いところありがとうございます。すんまへんな」と頭を下げた。菊谷が「ええよ、(裁判で否認するのが)最初からお前の考えやから」と応じると、「この後もやりますから頼みまっせ」と言いながら刑務官に連れられ法廷を出ていく元死刑囚。

15分程度の休憩が終わり、再び証人尋問が始まると、元死刑囚は休憩前と同じように「おやっさん、うそばっかり言うたらあきまへんで」と大声を上げ、それまで貫いてきた否認の姿勢に戻った。

鎌田元死刑囚の刑が執行されたのは2016年3月。75歳だった。全面自供してから11年後のことである。

菊谷は取り調べについて次のように語っている。

「被害者の敵討ちせなあかんとみんな言う。俺もそう思うんやけど、そればっかり思っとったら容疑者割れへん。被害者に味方して取り調べたら、絶対割れへんねん。感情が被害者のほうに傾いた状態で調べてもしゃべれへん。調べのときは、こいつ（容疑者）がかわいそうになって、そないなってもうたのはどうしてかなというて、生い立ちに同情になるわけや。それで調べていく。で、割れた時点で、敵討ったぞと被害者に手を合わす」

鎌田元死刑囚はなぜ、自白したのか。菊谷は言う。「結局はコミュニケーションや」

第4章

汚職に切り込む

捜査2課の真髄

政治家や首長、官僚らが地位を利用して不正に利益を得る「汚職」。その最たる犯罪が「贈収賄」だ。汚職の「汚」の部首からとった警察の隠語である「サンズイ」は、贈収賄を意味する。密室で行われる犯罪で、立件へのステージが格段に高いだけに、その摘発は顕在化していない不正をあぶり出す捜査2課の真髄とも言われてきた。だが、近年は立件数が激減し、刑事警察の内部では捜査力の低下に危機感が高まっている。情報収集や内偵力を誇った知能犯捜査の現場で、何が起きているのか——。

1996年春。後に警察庁長官となる当時の警視庁捜査2課長の金高雅仁に、国会議員から1本の電話が入った。ある社会福祉法人理事長に対する捜査についての話だった。「立派な業者なのに聞き回っているらしいじゃないか。犯罪者扱いして人権問題じゃないか」。この理事長を贈賄側とし、厚生省（現・厚生労働省）を収賄側とする贈収賄事件の内偵捜査への牽制だ。

金高は、この内偵捜査について部下から報告を受けておらず初耳だった。捜査2課の管理官（警視）全員を呼び出し、厚生省に対する内偵捜査の有無について問いただす。汚職捜査担当の「ナンバー」と呼ばれる班のうち「第4知能犯（4知）」を束ねる管理官の一人で、後に捜査2課ナンバー2の理事官に就任する岩上勝一が「はい」と応じた。岩上は警視庁捜査2課に計28年在籍し、数々の汚職事件を摘発した知能犯捜査の名刑事だ。

金髙の目は、岩上が提示したチャートに釘付けになった。思わず口走る。「事務官の間違いじゃないのか」。岩上が答えた。「いえ、事務次官です」。収賄側に記されていたのは、厚生省トップの事務次官だった。チャートは、その年の初冬に着手することになる「厚生省汚職」の癒着の構図を描いたものだった。

金髙は直感した。「これはいいネタだ」。特別養護老人ホームの建設補助金などを巡り、社会福祉法人の理事長から6000万円を受け取ったとされるかつてない大型贈収賄事件に発展することになる。ターゲットは巨大官庁の事務方トップ。「内偵捜査でどこまで事実に迫れるか」。これが立件への鍵だった。

サンズイの内偵捜査とは、贈賄側と収賄側の動きを細かく掘り起こしていく作業だ。ターゲットの周囲にいる人物の中から当たるべき対象を選定し、「ここまでは触るか」「ここは触らないか」と、一人ひとりについて詰めていく。警察の協力者になってもらうのが目的だから、人間性やターゲットとの関係をとことん調べ上げてから当たるかどうかを判断する。

内偵を進めれば進めるほどターゲットに近づくことになり、当たった対象に裏切られ密告されたら手を打たれてしまう。重要なのは、ターゲットとのその時点での関係性だ。関係が切れているのかどうか。関係が悪化していればより協力者になってもらいやすいが、関係が完全に断たれていればそもそもネタ（情報）を持ってはいない。難しい判断が求められる捜査だ。

厚生省汚職の内偵捜査で、金高は「そこまでやると危険で普通はやらないところまで動きを掘り起こした。相手に抜けて隠蔽される危険はあるが、抜けても事実をつかんだほうが強い」と考えていたという。

現職の事務次官が相手だけに、着手する以上は否認されてもいいぐらいまで事実をつかむ必要があり、内偵も通常より深掘りせざるを得なかった。

事件は唐突に動く。ある全国紙が同年11月18日付の朝刊一面トップで、事務次官と理事長の癒着疑惑を報じたのだ。事務次官にも直当たりしており、記者との一問一答も掲載された。金高がそれを知ったのは同日未明。他社の記者からの電話だった。

捜査2課は当時、厚生省汚職について「理事長―事務次官ライン」だけではなく、「理事長―元厚生省課長補佐ライン」という別の収賄容疑者のラインも内偵捜査しており、最初に着手するのは理事長―元課長補佐ラインと決定していた。金高は記者からの電話を切ると「朝刊が配達される前に理事長と元課長補佐を引っ張れ」と部下に指示し、東京地検特捜部の副部長や警視庁の刑事部長ら関係者に連絡して事件着手の了解を得る。

捜査2課はこの日のうちに贈収賄容疑で理事長と元課長補佐の2人を逮捕し、翌日には厚生省を家宅捜索した。それまでの捜査態勢は第4知能犯だけの30人ぐらいだったが、強制捜査に入ると同時に50人前後に増員され、本丸の事務次官逮捕に向け捜査は加速した。

理事長らの逮捕後から、新宿区にある事務次官のマンションは連日、何十人もの報道関係者が詰めかけて周りを取り囲んでいた。捜査2課は、事務次官について逮捕前に1度だけ任意で事情聴取している。「内偵でガチガチに固め、『贈』に詳細をしゃべらせてから呼んだ」（金髙）。捜査2課長の金髙が自ら事務次官側の弁護士とやり取りし、警視庁のある施設で聴取が実現した。

金髙は管理官の岩上に「どんな人物か、最初に一発見てくれ」と依頼。岩上がまず話を聴き、途中から係長（警部）に替わった。事務次官は完全否認だったが、半年に及ぶ内偵捜査でカネの流れを丸裸にしていた捜査陣は、高揚感に包まれた。証拠で解明していた事実まで否認したため、うそをついているのは明らかだったからだ。

捜査2課はその時点で、金融機関で現金をおろした理事長が、その足で次官に届け、そのカネがどこに運ばれたかまで確認できていた。金髙も「やったと思った」と打ち明ける。逮捕前の任意聴取は、まずは弁明を聞くのが目的だった。

捜査2課は全国紙の報道で事件が表面化してから約半月後の12月4日、元事務次官（11月19日に辞任）の逮捕に踏み切る。当時、中央省庁トップの事務次官経験者の逮捕は、リクルート事件（1988～1989年）の労働省（現・厚生労働省）、文部省（現・文部科学省）事務次官以来。カネの流れの複雑さに加え、地位が高くなるほど担当分野が広がり職務権限があいまいとなる高級官僚を相手に、粘り強い捜査が実を結んだ。

警視庁の捜査2課はこの年、バブルの後始末とされる住宅金融専門会社（住専）中心の経済事件捜査に追われた。しかし汚職摘発を重視する意識は根強く、住専事件に動員された捜査員から「汚職をやらなければ」という焦りの声も漏れていた。さらに東京地検が大型贈収賄事件を摘発し、警視庁は地方自治体の首長や職員を中心に摘発するパターンが定着していた。元厚生次官の摘発はその流れを打ち破る形となった。

収賄罪に問われた元厚生次官は2003年、実刑判決が確定した。

減少するサンズイ摘発件数

捜査2課は、都道府県警の刑事部内に設置され、政治や行政、経済を巡る構造的な不正などの各種知能犯罪を捜査。国や地方公共団体の幹部職員らによる贈収賄（サンズイ）事件や選挙違反事件、入札妨害・談合事件、企業の役職員らによる背任、詐欺、横領などを摘発する。全国最大の警視庁捜査２課は４００人近い陣容で、うち約60人が贈収賄捜査に専従している。

全国の捜査２課は、特にサンズイの摘発によって、中央省庁の官僚や自治体トップなど高い地位にある者や権力者が不正に走らないよう戒めてきた。ただ「密室の犯罪」である贈収賄は、他の知能犯事件に比べて立件へのハードルが格段に高い。

被害者がおらず目撃者もいない。カネの受け渡しは大半が一対一。証拠も少なく、内偵捜査で核心部分にたどり着くことはまれだ。さらに収賄容疑者は自供することで社会的地位も退職金も失うため、取り調べで容易に関与を認めることはない。

難しさが際立つからこそ、摘発件数が捜査力のバロメーターとされてきた。そのため、警察庁捜査２課は１９７０年代から贈収賄事件の年間摘発件数を集計している。72年をピークに減少が続き、２０１６年には過去最少に落ち込んだ。

警察白書には１９７０年代から、各都道府県警による贈収賄事件の年間の摘発件数が記録されている。全国の捜査２課が、隠された不正に挑み、サンズイを暴いて社会に警鐘を鳴らした捜査の歴史だ。「年間１００件できるかどうかが全国警察の捜査能力の試金石だった」。知能犯捜査の経験が豊富な元警察庁長官の中村格《いたる》は、摘発の「重み」を強調する。

贈収賄の年間摘発件数は１９７２年が最多の１６４件で、70年から87年までは79年（73

件）を除き１００件台を維持していたが、88年には再び１００件を切り、93件となった。

「当時は２課の冬の時代と言われたが、いまはそれすら見る影もなくなった」と残念がる中村。１９８８年以降は減少傾向が続き、２００７年に初めて50件を割り込むと下落に拍車が掛かり、16年は最少の23件に。半数以上の警察本部が摘発ゼロという不名誉な事態に、中村は「組織の素人化が摘発件数の低下を招いている。プロを育てる努力を真剣にやらないといけない」と奮起を促す。

コンスタントに贈収賄を摘発している愛知県警の幹部は全国の状況を「若手がサンズイ捜査を経験できる機会が減ったことで、さらに摘発が減少するという負のスパイラルに陥っている」と説明する。愛知では贈収賄捜査のノウハウとともに、捜査協力者との関係継続も重視していると明かす。

贈収賄では全国有数の捜査力を誇る福岡県警捜査２課。同課の幹部は「福岡は毎年、贈収賄を摘発しているので、そこで若い捜査員が学び、ノウハウが引き継がれている」と話す。巡査や巡査長として贈収賄事件を経験した課員が昇任し、成功体験を基に捜査を仕切る方法が奏功しているという。

懸念される捜査力の著しい低下。司法制度改革で供述より客観証拠を重視する流れが定着したことも、摘発減少に拍車を掛けているとみられる。

より巧妙になる贈収賄事件

「ネタが取れなくなった」。警視庁捜査2課に20年以上在籍した元幹部は声を落とす。「情報収集」「内偵捜査」「取り調べ」。贈収賄捜査はこの三つの力が試される。だが生活を犠牲にして事件を追うような練達の捜査員が定年などで次々に退職し、捜査力が落ちたとの指摘は多い。元幹部も「ベテランの粘りでモノにした事件もあった。他の捜査員が手を付けてモノにできなかった事件でも、別ルートから情報を入手するその執念たるやすごかった」と振り返る。

厚生省汚職事件の担当管理官だった岩上によると、サンズイ捜査で最も困難なのはネタの入手だという。捜査員は建設会社の社長に会ったり、中央官庁や国税を回ったりして情報を拾うが、提供する側には「話したことがばれたら自分の身が危うい」という思いがあるからだ。

それを口説き落として内部協力者にするには、コーヒーや昼食をごちそうしたり、酒を飲んだりして人間関係をつくる作業が不可欠。その上で「絶対に名前は出さない。心配するな」と説得を試みる。岩上は情報収集の過程で、「これ以上は協力できない」と拒んだ相手がギリギリの精神状態になり吐いたこともあったという。そこまで捜査に入り込まないとネタは取れないと明かす。

また、最初からサンズイに直結するようないいネタはまれで、収賄側とにらんだ人物に職務権限がないことが分かり、サンズイとしてはすぐに立件できないこともある。大切なのはそこで捜査を諦めてしまうのではなく、入手したネタを地道に深掘りし、新たな展開を探ることだという。

岩上は「昔は不平不満を持つ業者や役所内部からうわさが漏れ出し、われわれに伝わることもあったが、いまは他人に構っていられない時代。やり方も巧妙化し、個人口座だけを調べてもカネの出入りに直結する資料は容易に見つからない」と現在の厳しい捜査環境を説明した上で「それでもサンズイ捜査は2課の『御家芸』であるはずだ。昔から汚職は見えないところで行われ、国を滅ぼすと言われた。だからこそ、誰も知らない事実を結びつけていくのが面白い。とにかく事件を積み重ねてほしい」と現役世代に期待する。

山口県警や大阪府警で捜査2課長を経験した警察庁の元刑事局長は「対象の行動確認は、現金の受け渡しを目撃するぐらいまでやっていた」と明かす。捜査員は内偵捜査の段階から何日も署の道場に泊まり込み、尾行や行動確認を続けたという。元刑事局長は「技術より情熱が大切なんだ。熱意のある捜査員には『こんな悪いやつは許さん』というエネルギーがみなぎっていた」と力説する。

警察庁長官の露木康浩は、各警察本部で中核となりつつある30歳前後の世代の経験不足を問題点として示す。「団塊の世代の大量退職の後に大量採用した世代は、コミュニケーション能力が不足している。海千山千の業者から話を聴くには厳しい。サンズイと似ている選挙違反の買収捜査などで実経験を積むしかない」と奮起を期待する。

捜査を巡る環境も変化している。情報漏洩などの不祥事が相次ぎ、職務倫理を徹底することが捜査協力者の開拓を難しくした面もあるという。

全国の警察を指導する警察庁捜査2課の幹部は「贈収賄にこだわらず、地域にはびこる悪を摘発してほしい」と求める。詐欺や横領、入札妨害、談合……。「やっていれば必ずサンズイの情報も出てくる」。2017年の贈収賄の摘発は30件とやや持ち直した。19、20年は再び23件に沈むが、21年は41件に急増、22年39件、23年36件と底は脱しつつある。

厚生省汚職事件の捜査を指揮した金高は言う。「ワルは必ずいる。捜し出すのが捜査2課だ」

サンズイ至上主義からの脱却

地位や権力を悪用した金品授受や詐取行為、便宜供与、選挙における買収行為——。政治・行政に巣くう「構造的不正」は後を絶たず、摘発は警察が担う知能犯捜査の使命だ。端緒情報の入手と取り調べが鍵とされるが、近年はサンズイだけではなく、構造的不正全体の摘発件数も激減している。隠れた汚職の掘り起こしには何が求められるのか——。

警視庁本部庁舎の3階。取調室を出た外務省の元要人外国訪問支援室長は足を止めて振り返り、留置場まで送ってきた取調官の背中を見つめていた。内閣官房報償費（機密費）の詐取容疑で2001年3月10日に逮捕されて2日後の夜。贖罪の意識が生まれていた。翌朝8時に弁護士を呼び、容疑をすべて認めることを伝える。そして、取調官に犯意を告白した。

首相の外国訪問で、随行員の宿泊費の差額を水増し請求しだまし取った「外務省機密費詐取事件」。元室長は1993〜1999年に46回の首相外遊の準備を担当し、官邸の内閣事務官から1回に数百万〜数千万円、合計で9億円以上の機密費を受け取っていた。

機密費は会計検査院のメスが入らない「聖域」として扱われてきた。首相官邸内の官房長官室の金庫に納められ、野党に対する国会対策費などにも使われたといわれる。そうした性格上、機密費の存在は「タブー視」されていたことから、事件が表面化するとマスコミ各社は巨大官庁と国家中枢を揺るがす前代未聞の汚職として大々的に報じた。

捜査の端緒は、捜査2課の庶務である「第1知能犯」の情報係にいた一人の主任捜査員

（警部補）が1999年秋ごろに入手したネタだった。情報係はその名の通りサンズイを中心とする知能犯に関する情報を拾い集めるのが主な任務で、捜査2課長の直轄部隊とされる。情報係でつかんだネタは、サンズイの疑いが濃いものは「ナンバー」と呼ばれる「第4」～「第6」の各知能犯に所属する係に引き継がれ、逮捕から起訴までの事件捜査の荷造り（組み立て）はナンバーの各係が担うことになっている。

主任がつかんだネタは、外務省の課長補佐だったノンキャリアを巡る、物品納入に絡む業者からの金品の贈与疑惑だった。この課長補佐を内偵捜査する過程で、同じノンキャリアの元要人外国訪問支援室長への贈与疑惑も浮上。銀行などへの捜査から、1億円を超える巨額な出所不明金が元室長の口座に入金されている事実にたどり着き、未曽有の外務省機密費詐取事件への着手につながる。

捜査2課は、情報係の主任が端緒をつかんでから1年が過ぎたころの2000年12月16日の土曜日と翌17日の日曜日、初めて元室長の任意聴取に踏み切った。外務省内で元室長を在外公館へ異動させようとしている動きがあったからだ。理由は分からないが、聴取に当たったのはナンバーの係ではなく、情報係のメンバーだった。

当時の警視庁捜査2課長は樋口眞人《まさと》。福岡県警本部長として特定危険指定暴力団「工藤会」の壊滅を目指す「頂上作戦」を指揮するなど、数々の重要刑事事件の捜査指揮で実績を挙げたキャリアだ。外務省の陰の実力者である元室長への聴取だけに、休日にもかかわらず、樋口も警視庁本部庁舎に登庁し、その結果を見守った。

情報係は銀行口座の捜査結果を基に元室長を追及した。それまでの捜査で巨額資金の使途先は競走馬やマンションの購入費などと推測できていたが、出所はまったく分かっていなかった。元室長がしゃべらない限り、内偵捜査だけで出所を解明するのは困難な状況に陥っていた。聴取に対して元室長は当初、父親からの遺産だとして言い逃れをしていたが……。

「内閣官房報償費」。元室長の口から出た出所元だ。当時の捜査2課の幹部の一人は「海外に逃げられたらまずいので調べようとなった。九州・沖縄サミットの利権に絡むカネだろうと思っていたが、それにしては額がでかいので、外務省のカネを横領しているのだろうと。出所が内閣官房報償費だったとは聴取して初めて分かった」と打ち明ける。

元室長は最初の2日間の任意聴取で、ある程度は認めたという。別の元捜査幹部も「親父の遺産などと言っていたが、『官房報償費をくすねました』というようなことをぽろっとしゃべった」と明かす。だが、それ以降、元室長の認否は揺れ続けた。

年が明け2001年1月になり、第4知能犯3係（4知3係）が情報係から事件を引き継ぐと、本格捜査が開始された。樋口は「半年間、贈収賄事件はしなくていい」とハッパを掛け、各係から捜査員を動員し、この時点で200人の捜査態勢が組まれた。外務省は1月25

日、内部調査の結果を公表するとともに、約５４００万円の機密費を着服したとする業務上横領容疑で元室長を警視庁に告発した。

本格捜査の開始とともに新たな取調官となったのは、４知３係の警部補。「警視庁で十指に入る」とされた名取調官だ。警部補が元室長の本格的な任意聴取に入ったのは2月上旬。警部補は、否認を続ける元室長を改心させようと全力を傾注した。両親の墓まで訪ねて生い立ちを調べ尽くし、実直な口ぶりで語りかけ、人格否定するようなことは決してしなかった。

捜査2課は3月10日、外務省が告発した業務上横領容疑ではなく詐欺の疑いで逮捕する。警部補が取調官に就いてから１ヵ月が過ぎていた。このときも元室長は着服自体を認めても、「だますつもりはなかった」と一貫して詐欺の犯意は否認していた。

しかし、認否を確認するための弁解録取書の署名を見て取調官の階級が警部補だと初めて知った元室長は驚き、心を揺さぶられる。首相外遊における「ロジスティックス（後方支援）の神様」と呼ばれた自分を調べるのは、警視など階級が高い警察官だ。そう思っていたという。

それから2日後の夜、その日の取り調べを終えて留置場まで送ってくれた警部補の背中を見つめていた元室長。「その後ろ姿は『お前それでも男かよ』と問うているように見えました。私に人間として終始接してくれ、犯罪は犯罪として厳しく調べてもらいました。私の犯罪の本質を捉え、導いてくれました」などと後に周囲に漏らしている。

全面的に罪を認めた元室長。当時の捜査幹部は「階級に関係なく誇りと使命感を持った警部補のいちずな姿に元室長が打たれた」と明かす。1人の捜査員の〝ネタ〟が最大時260人態勢の捜査陣を動かし、名取調官を柱にして事件の全容解明に至った捜査2課。元室長は2002年、計約5億円の詐欺罪で懲役7年6月の判決を受け、刑に服した。

警視庁捜査2課の管理官として警部補の仕事ぶりを知る露木は「取り調べは人間対人間の勝負。ただ単に怒鳴るような調べでは認めない。（警部補は）まっすぐな男。人と人の関係性を大切にする彼だからこそ、元室長を全面自供させることができた」と語った。

警察庁は1992年4月、暴力団対策法の施行に合わせて刑事局内に、捜査2課暴力団対策室を独立させた暴力団対策部（現・組織犯罪対策部）を発足させる。これによって捜査2課は知能犯捜査を主体とする「新生2課」としてスタートした。警察庁は直後の5月に全国の刑事部長を集めた会議を東京で開き、刑事局長らが重要知能犯事件の摘発が不振続きだとして「政治、経済などの社会情勢の変化に応じて、新たな利権構造、不正の把握に努め、低迷状態を打破してほしい」と強く訴え、「構造的不正の立件」を指示した。

公務員犯罪や贈収賄、談合・競売入札妨害、選挙違反など政治・行政のシステムを悪用して利益を得るのが構造的不正だ。当時の警察庁捜査2課理事官は全国会議での構造的不正立件の指示について「社会に伏在する不正をえぐり出すのが2課の原点という決意表明だった。罪名にこだわらずに背任でも入札妨害でも横領でもいいから世の中のウミを洗い出すのが2課の仕事だと訴えた」と説明する。

多くの捜査幹部によると、当時は全国の捜査2課に「サンズイ至上主義」の意識が強くあったという。「捜査2課で贈収賄をやっていないと仕事をしていないという空気があった。立件の段階で贈収賄ではなく詐欺など他の罪名が適用されると、一気に格落ちみたいな雰囲気だった」と言う幹部も。

当時はバブル経済が崩壊し問題化していた。不良債権を巡る金融機関の破綻が相次ぎ、政治・行政を巡る不正も捜査のメスが入ることで顕在化。国民の批判が噴出していた。警察庁は1993年10月の全国捜査担当者会議でも、長官だった城内《きうち》康光が「各地の利権構造の実態を把握し、多角的な刑罰法令の適用による不正行為の摘発に立ち向かってほしい」と、ハッパを掛けた。

政治家の公務員への口利きを制限するあっせん利得処罰法が成立した2000年、警察庁は9月に「政治、行政、経済をむしばむ不正を捜査によって解明することで社会的公正の実現に寄与することが知能犯捜査の使命」とする刑事局長名の通達を出した。

通達では政治家や公務員の汚職に対する捜査について「収賄罪やあっせん収賄罪の適用を検討すべきだが、これらの罪を適用できない場合でも糾弾されるべき不正があると認められるときは、政治資金規正法、公職選挙法、入札妨害罪などの各種罰則を適用して積極的な検挙を図ること」と示した。この通達は当時、「捜査2課の使命」を表しているとされた。

警視庁捜査2課の機密費詐取事件の摘発は、通達が出された翌年の2001年だった。端緒となる情報を入手した第1知能犯の情報係は当初、贈収賄の疑いがあるとみて内偵捜査をしていたとみられるが、適用されたのは詐欺だった。

当時警察庁の捜査2課にいた元幹部は「(機密費詐取事件の)起訴祝いで『サンズイにならずに残念だ』といったあいさつをした幹部がいたが、役人があれだけの膨大なカネを私物化していた実態を解明し摘発したわけだから、罪名に関係なく歴史に残る捜査の一つ」と高く評価する。

外務省ではその後も、捜査2課の捜査によってサミット経費詐欺や公費流用、ホテル代水増し請求による裏金づくりなど不祥事が相次いで発覚、綱紀粛正へとつながった。

情報係の「情報収集」とナンバーの「取り調べ」。警視庁の知能犯捜査を支える2本のメスが、巨大官庁に巣くう不正を切り取った結果だ。

汚職捜査をどう継承するか

警察白書は毎年、政治・行政を巡る構造的不正事案の摘発件数を掲載している。平成元年の1989年から2011年までは52〜119件で推移したが、12年に初めて50件を下回ると22年まで33〜66件と「冬の時代」が続く。要因として選挙違反取り締まりの低迷を挙げる捜査幹部は多い。

平成最初の1990年衆院選の摘発者は7623人だったが、2017年は46人と166分の1まで大きく下げた。参院選、統一地方選の摘発者も23分の1〜32分の1に激減している。

警察庁刑事局の幹部は「支援者からカネをもらい、当選したら公共工事の発注などで還元する一部政治家もいる。選挙と汚職は循環する構造だ」と解説する。元警視庁幹部も「選挙はエリア利権の縮図」とし、選挙違反の摘発を通して政治・行政の不正を暴く汚職捜査の地盤を培っていたという。

ただ同庁幹部は「いまはとにかく情報が取れなくなった」と言う。ベテラン捜査員の大量退職などの事情もあるというが、知能犯捜査に詳しい元警察庁長官の金高も「悪質な選挙違反の摘発ができないと政治・行政の事件にも弱くなる」と危機感を募らせる。知能犯捜査の主流ともいえる贈収賄の摘発も状況は同じだ。

そうした中で全国を指導する警察庁捜査2課が現在、力を入れているのが、情報収集段階からの「滞在型指導」だ。同課には都道府県警から経験豊かなベテラン捜査官が課長補佐として出向している。摘発が低迷する警察本部に課長補佐を派遣して1～2週間滞在させ、情報取得段階から助言する狙いがある。

具体的には、現地の利権情勢を一緒に分析し、不正を暴くための情報源となるような対象を探す作業を通じて、捜査員に自らの経験を伝え、情報収集力の底上げを図る。同課幹部は「知識や経験が乏しくなっている現場もある。一緒になって悩みながら捜査力の向上に取り組みたい」と言う。

宮崎県警本部長時代に現職知事に対する贈収賄事件捜査に関わり、刑事警察と公安警察に精通する元警視総監の吉田尚正によると、選挙違反や贈収賄の捜査は、政治に与える影響が大きいため特に失敗が許されず、内偵が非常に困難になる。だからこそ摘発によって事件化できれば警察への信頼は高まる。国民も世の中の公正が保たれると実感でき、その意義は大きいという。

吉田が宮崎県警本部長に就任した2006年、宮崎県知事周辺に談合の疑惑が浮上していた。吉田が摘発の意義について地元がどういう相場観を持っているかを確認したところ、県警内には捜査を進めるべきだとのコンセンサスがあり、県庁側でも困っている人たちがいるとの情報があった。「摘発に大義がある」と考え、捜査を進めた。

宮崎県警は同年12月に談合容疑で、知事が辞職した直後に逮捕し、年明けに事前収賄容疑などで再逮捕した（元知事は二審まで有罪で、上告中に死亡）。

最初は競売入札妨害容疑で強制捜査に入り、捜索で資料を集めている間に不審なカネの存在が判明。それを基に捜査を進めたところ「（知事に）２０００万円渡しました」という供述を得ることができ、事前収賄容疑を掘り起こすことができた。

吉田は「贈収賄事件は密室の犯罪だから立証が非常に難しい。より深い不正にメスを入れるには、いろんな法律を適用した『入り口事件』で幅広く捜査を展開し、客観証拠を収集するのが大事だ。政治・行政を巡る不正の摘発はここ10年を見ても右肩下がり。抜本的な打開策はない。昔から積み重ねられた捜査の知恵をしっかりと若い人たちに伝承し、場数を踏み経験を積む。それに尽きると思う」と、全国捜査2課の巻き返しを期待する。

外務省機密費詐取事件に関わった警察庁刑事局の幹部は言う。「さすが捜査2課と言われるよう、悪をくじき、正しく生きている人が喜ぶ事件をやってほしい」

第5章

捜査を率いる

グリコ・森永事件の苦い教訓

治安を揺るがす凶悪犯に対峙することもある警察の捜査1課。都道府県警の刑事部に置かれ、殺人や強盗、放火など社会に不安を与える凶悪事件のほか、誘拐・人質立てこもり、航空機・列車事故などの特殊事件・事故の捜査を担当する。全国最大の陣容を誇る警視庁の捜査1課は約400人体制。オウム真理教による地下鉄サリン事件などの重大事件を解決した実績もある。同庁の捜査1課長は刑事警察の現場の「顔」とされる。全国の捜査1課の原動力は個々の刑事の能力と分業制による組織力だ。一方で、現代の捜査には指紋やDNA資料などの採取・解析を担う鑑識課や科学捜査研究所（科捜研）との連携が不可欠とされる。捜査指揮官はいかにして「人の捜査」と「ブツの捜査」の一体化を図るのか。

1984年3月の江崎グリコ社長誘拐で始まり、日本の犯罪史上最大級の謎となったグリコ・森永脅迫事件（警察庁広域指定114号）。「かい人21面相」を名乗り企業や報道機関に脅迫状や挑戦状を送り付け、青酸入り菓子がばらまかれるという前代未聞の劇場型犯罪だ。空前の大捜査網が敷かれる中、犯人グループの一人とされる「キツネ目の男」は、同年6月の丸大食品脅迫事件と11月のハウス食品工業脅迫事件の取引現場に現れた。周囲を警戒した様子で公衆電話を使い、その後、尾行をまいて姿を消した。

指紋が採取できる——。大阪府警捜査1課特殊班の捜査員らはこのとき、鑑識課に臨場を要請していた。だが現場に鑑識課員がつくことはなく、キツネ目の男の指紋を入手できる千載一遇の好機は失われた。

1995年3月に府警の捜査1課長に就任した川本修一郎はその直後に、グリコ・森永脅迫事件が発生から長期間たち引き継ぎもなかったことから、「114号事件捜査班」の班長にそれまでの捜査の経緯をまとめるよう指示した。できあがった報告書はB4判のファイル3冊。これまでどういう捜査をしたかという事実行為だけが書かれていた。疑わしい人物に触れるような記述は一切なく、容疑者にたどり着いていないことは明白だった。その中で最も川本の目を引いたのは、キツネ目の男の指紋についての部分だった。決定的な証拠が幻と消えたくだりだ。報告書を読みその事実を初めて知った。事件の発端だった84年3月の江崎グリコ社長誘拐から11年が経過していた。「なんや、これ」。川本は特殊班の幹部に指紋の件を問いただした。

実は鑑識課への臨場要請は、当時の捜査本部が撤回していた。出動した機動鑑識班は途中で引き返したのだという。キツネ目の男に関する情報が鑑識課に知られると捜査上の「保秘」ができない。マスコミに漏れたら困る。保秘を優先した「上層部」の判断だった。結局、尾行も失敗し、この事実は封印された。

「あの捜査はアホやった。すべての問題の根本は保秘や。これに尽きる」。事件に強い捜査集団をいかにしてつくりあげるか。川本は2年の任期中、保秘の撤廃による捜査1課と鑑識課、科捜研の一体化に全力を傾けることになる。

捜査・鑑識・科捜研の一体化

殺人など強行犯の捜査は、聞き込みなどによる「人の捜査」と、現場の証拠品を調べる「ブツの捜査」で犯人に迫る。だが捜査1課と鑑識課、科捜研は一枚岩とは言いがたい状況が長く続いた。組織が大きくなるほどその傾向は強いようにみえる。

警視庁のある鑑識課OBは「捜査1課は容疑者が浮上してもその情報を鑑識に落とすことはない」と明かす。殺人事件で遺体捜索に向かう際、捜査1課から「情報が漏れるといけないので場所は教えられない。1課の車の後を尾《つ》けてくれ」と指示されたことがあった。鑑識課の車両はライトバンだったため、高速道で捜査1課の捜査車両を見失い、改めて電話で捜索場所を尋ね、現場に到着したときにはすでに報道のヘリコプターが上空を旋回していた。

大阪府警の捜査1課では、新人捜査員に「教養」を受けさせる慣習があった。たたき込んだのは「保秘の徹底」。捜査情報は、マスコミなど部外者には当然だが、鑑識課や科捜研にも「言うたらあかん」と指導していた。

川本はこの方針を百八十度転換した。教養を廃止し、「保秘を理由に必要な情報を隠すのは、捜査上のパートナーに対して失礼だ」と口を酸っぱくして積極的な情報共有を指示。鑑識課と科捜研を信頼して鑑定依頼では一つひとつ必要性や背景を説明し、捜査情報をきちんと伝えた。

さらに警部以下はほぼ全員、係ごとに1週間ずつ交代で鑑識課、科捜研に研修に出した。地道な作業を経験させるとともに、科学捜査の力量を正当に評価させた。相互理解を深めて連帯感を育む狙いもあり、研修最終日は「卒業式」と称して酒を酌み交わした。科捜研の研修で、法医学の幹部研究官が捜査1課員にこう言ったことがある。「鑑定とは人間関係」。府警の「捜鑑科《そうかんか》一体」は急速に浸透した。

川本がそもそも捜鑑科一体の重要性を強く意識したのは、1992年から93年にかけて大阪府内の主婦ら男女5人が自称犬訓練士の男に相次いで殺害された愛犬家連続殺人事件の捜査がきっかけだった。

捜査1課は長野県塩尻市の農地で、1994年1月に1人、2月に4人の埋められていた遺体を男の供述をもとに発見する。当時、鑑識課長だった川本は4遺体捜索の前日、宿泊していた現地のホテルで、捜査1課の調査官ら幹部に男の自供書を見せるよう求めた。男が遺体をどのようにして埋めたのかを確認し、農地を掘り起こして遺体を出す作業として「手掘り」と「機械掘り」のどちらが適切かなど手順を事前に決めるためだったが、調査官らは黙ったまま下を向き、応じようとしなかった。捜査1課には、鑑識課に情報が漏れるのを嫌がる保秘の壁があった。

川本が「それほど信用できないなら鑑識課は全員、明日朝一番で大阪に帰る」と怒鳴りつけ、ようやく調査官らは捜査書類を提示し、作業の段取りを検討できた。この日を契機に川本は「刑事は目先の事件に追われて、鑑識や科捜研への配慮がなかった。こんなことでは鑑識や科捜研が本気で仕事に取り組むはずがない」と考え、捜鑑科一体の構築を最優先に進めることになる。

川本が捜査1課長だった2年間、大阪市内で女性5人が殺害された警察庁広域指定122号事件など計26件の捜査本部が設置され、過去の分も含め解決率は100%を超えた。その結果、通常は個別の事件捜査が対象になる警察庁長官賞が、高い検挙率を理由に異例の「パーフェクト賞」として大阪府警刑事部に授与された。当初、捜査1課単独での受賞を打診されたが、川本はそれをよしとせず、捜査1課、鑑識課、科捜研が所属する刑事部としての受賞となり、まさに捜鑑科一体の実現によって勝ち取った功績となった。

当時を知る大阪府警科捜研の研究官は「情報をつまびらかにし、捜査の目と鑑識の目、科捜研の目という『三つの目』で見れば、分からないことが見えてくる。事件解決に向けて『一緒にやってる感』があった」と振り返る。

くしくも川本が捜査1課長に就任した1995年3月、警察は地下鉄サリンや警察庁長官狙撃など未曽有の事件に直面した。同年5月の全国刑事部長会議。銃撃された当時の長官、國松孝次は病床から訓示し「新たなタイプの犯罪が凶悪、無差別、かつ組織的に敢行されるという時代を迎えている。だからこそ強靱な刑事警察を目指してほしい。捜査と鑑識は車の両輪と言ってきたが、一輪であると考えるべきだ。捜査と鑑識の一体化について、新しい発想で全国的な取り組みが展開されることを期待している」と説いた。

それから30年近く。容疑者が黙秘、否認する事件が増え、客観証拠を重視する捜査の流れはすっかり定着した。DNA型鑑定の精度は向上し、先述のように、2019年4月からは新たな検査試薬の導入によって個人識別の確率がそれまでの「4兆7000億人に1人」から「565京人に1人」へと大幅にアップした。

警察庁捜査1課の幹部は「捜鑑科一体の取り組みや捜査支援部門との連携なくして凶悪犯捜査は成り立たない」と言う。元大阪府警刑事部参事官の江幡和志も「情報共有していないとスピーディーで無駄のない捜査はできない」と指摘。「1課と鑑識、科捜研が事件解決のために一つになり、妥協することなく言いたいことを言える環境こそが捜鑑科一体の本質。いま一度、捜鑑科一体を提唱する時期に来ている」と訴える。江幡は川本が捜査1課長だった1995～1997年、捜査1課に警部補として在籍し、自身も後に1課長を務めている。

巡査からすべての階級で警視庁捜査1課に在籍した元捜査1課長の久保正行は鑑識課にも3回在籍し「刑事の世界は人間関係がものをいう。鑑識課員が捜査1課で勤務するとか、捜査1課員も鑑識課で勤務するとか、交流があれば互いの大変さが理解できる。一緒に汗を流し考える経験は大切だ」と話す。

久保によると、警視庁でも鑑識課は「縁の下の力持ち」と言われ捜査の脇役的な存在だった。1980年代ごろからは採証活動によって犯人像を描き、捜査の始点になるケースも出てくるようになる。鑑識の目から見て犯人を捜し、捜査1課とともに捜査の両輪として認識されるようになった。82年の羽田沖の日航機墜落事故から鑑識課が検証調書を作成するようになり、自他ともに認める「捜査の要」となった。

「捜査1課員と鑑識課員は、被害者のために何としても犯人を捕まえるという目的は同じだから、ベクトルを合わせれば何倍もの力になる」と久保。

動機を押さえ真相を解明するには自供が欠かせないが、刑事部門の経験が豊富な元警察庁長官の金高雅仁は「これまでは物証が少なくても供述を得ることで難事件を解決してきた。

現在、全面自供は難しい。殺しも黙秘、否認が多い。供述で全容解明する捜査が岐路、転換点にきている。これに代わるのが科学捜査。科学捜査で客観的に裏付けられたら犯人も自白する」と鑑識、科捜研の存在意義を強調する。

課題はある。警察庁長官の露木康浩は「捜査側に忖度するようなことがあってはならない。鑑識、科捜研は部内の組織だが、分離・独立を守らないといけない」と、鑑定側の中立性を絶対条件として重視する。

保秘の壁を完全に越えられるのかも問われるが、大阪府警科捜研の元所長は「依頼された鑑定が捜査で重要な位置を占めると分かれば、当然やる気も違う」と積極的な情報共有の効果を説明する。

川本は「指揮責任」という耳慣れない言葉を使っていた。事件の捜査指揮は、覚悟と責任を伴う。誤った指揮に対する責任の所在は明確にすべきだ――。捜査1課長時代に「グリモリの捜査は指揮官の大チョンボだが、誰も責任を取らなかった。失敗を反省もせず隠し続け、保秘と検挙のどちらが大切だ」と痛烈にグリコ・森永脅迫事件の捜査を批判し、捜査1課の各班長には「捜査情報は鑑識と科捜研に積極的に流せ」と指示した。

川本は言う。「鑑識、科捜研の力なしでは江戸時代の捜査と変わらん思うで」

世田谷一家殺害事件における初動指揮のミス

殺人や誘拐など未解決の「重要凶悪事件」が対象となる公的懸賞金（捜査特別報奨金）。全国で17事件（2024年2月現在）が対象となっているが、うち警視庁は5事件を抱え、中でも2000年の大みそかに発覚した「世田谷一家4人殺害」は、残忍極まる手口から未解決事件の象徴ともなっている。

発生から20年を超えたが、現在も解決していないのは、事件の行方を決定づける初期の捜査で指揮を誤ったからだとされる。平成の最重要事件は、動機も犯人像も謎のまま横たわっている。

整備中だった都立祖師谷公園にぽつんと残った2階建て住宅。2000年12月31日午前、隣家の親類が中に入ると、会社員宮澤みきおさん（44）と妻、長女、長男が殺害されていた。首を絞められ窒息死した長男以外は包丁で執拗に切り付けられ、血まみれだった。被害者の背後から手を回したのか、首の正面を横に切った傷が多く、検視に立ち会った警視庁のベテラン鑑識課員でさえその凄惨さに「こんな遺体の傷は見たことない」と漏らしたほどだ。

犯行は前日30日の午後11時台とみられる。一家は襲われる前、夕食に鍋を囲んだ。家族だんらんの年の瀬の夜。新年には箱根旅行が控えていた。

幸せに暮らす家族を一瞬で消し去った不条理極まる凶行。社会に与えた衝撃は大きく、直後の2001年1月2日、当時の警視総監の野田健《たけし》は「この上ない凶悪事件」として現場を視察し、捜査員を激励した。

捜査1課は殺人犯捜査係を投入、捜査本部は発生から半年で150人に膨らみ、早期解決への態勢を組んだが……。

「血紋」。現場の至る所に被害者の血が付いた犯人の指紋が残されていた。「指紋がある。これは捕まるだろう」。決定的な物証の存在で、当時の捜査幹部らには楽観した雰囲気があった。だが、そこに落とし穴が隠れていた。

「鑑《かん》の1組」「鑑の2組」……。捜査本部の中で被害者の周辺関係者に聞き込みする「鑑取り」班が編成されたが、すぐに打ち切られた。犯人は近場にいるとの想定で、捜査は目撃者捜しと指紋の採取・照合に猛進した。

ある捜査幹部は血紋があったことから「一発でホシ（犯人）に結びつけることしか見ていなかった」と打ち明ける。

鑑取りや現場周辺で情報を集める「地取り」で容疑性のある人物を浮かび上がらせて、遺留指紋と一致するかどうかを調べるのが本来の指紋捜査だが、世田谷事件ではその情報収集の過程が軽視された。地取りは指紋を採ることが主な目的となっていた。

捜査本部が指紋最優先だった捜査方針の方向修正を図ったのは、久保正行が捜査1課長に就任した後の2005年になってからだ。「初期捜査で入るべき情報が相当抜けている。完全に後手に回った」（捜査幹部）と言う。久保も「1課長の判断は捜査にまともに反映される。だから1課事件は怖い」と明言する。

捜査関係者の間には、科学の捜査力が進歩を続けるのに対し、人の捜査力が低下する状況を懸念する声も目立つ。警察庁刑事局の幹部は「聞き込みの力が落ちている。会話力がないから聞き込み相手のガードを崩せない。防犯カメラがないところで事件が発生すると、たちまちコールドケース（未解決事件）になる」と厳しい。

犯罪捜査規範は、重要犯罪の発生に際して捜査を統一的に、強力に推進する必要がある場合は捜査本部を設置すると規定しており、1995年以降、殺人が絡む事件のうち刑事部長をトップとした捜査本部は全国で2023年までに2562件設置され、解決率は86・1％だ。同年までの10年間を都道府県警別でみると、最多は愛知の36件（解決31件）。次いで警視庁35件（同37件）、大阪28件（同24件）となっている。少なかったのは、島根0件（同1件）、山口1件（同2件）、いずれも2件の秋田（同2件）、鳥取（同2件）、岡山（同3件）、佐賀（同2件）、大分（同2件）だった。

重要性を増す捜査指揮

事件の解決を目指す警察にとって、現場の捜査員の動きと両輪をなすのが「捜査指揮」とされる。捜査の着手から容疑者の逮捕、さらに真相の解明までのプロセスをどう進めるか。証拠品や聞き込みによる情報の分析、体制の整備……。刑事部長や課長は指揮官として重い責任を担う。捜査の技術や制度が変わりつつあるいま、捜査指揮の重要性は一層増している。

大阪市住之江区南港南で1995年7月、岸壁近くの海中から頭部のない女性の胴体が見つかったバラバラ殺人事件。大阪府警捜査1課の名取調官だった滝谷秀男が、任意同行した容疑者の男から「秘密の暴露」を引き出し、数十分で完落ちさせ事件解決に導いたことは、第3章で先述したが、実はその裏では捜査指揮官による〝伏線〟も張り巡らされていた。

切断された女性の胴体が見つかったのは7月7日。大阪水上署捜査本部が被害者の身元を大阪府摂津市の40代女性と特定したのは8月半ば。6月下旬に家を出たまま行方不明になり家出人捜索願(現・行方不明者届)が出されていたが、身元判明まで1ヵ月以上かかった。

女性の家族の話で女性にあるはずのホクロが、バラバラ遺体の胴体になかったことから、いったんは別人と判断されたためだが、捜査員の一人が年を取ってホクロが消えた実例を知っていると進言。女性宅で採取した毛髪を使って遺体とＤＮＡ型鑑定したところ一致した。

大阪府警捜査１課長は平日、午後零時40分から１課長室で定例の会見を開いていた。当時の１課長だった川本修一郎はその会見の場で、全国紙、通信社やＮＨＫの担当記者（通称・１課担）らに被害者の身元が判明したことを伝えた上で、それを報じないよう「縛り」をかけた。この時点で不倫相手の50代半ばの男が容疑者として捜査線上に浮かんでいることも明かし、身元判明が報じられると警察の捜査が自身に及ぶことを恐れて男が何らかの証拠隠滅に走る可能性があるため、と説明した。

１ヵ月以上たった９月末、捜査１課が動く。川本は被害者の身元を公式に発表し、各社が一斉に報道する。翌日早朝、捜査本部の捜査員らは、気付かれないようにして男の自宅周囲に張り込んでいた。男が外に出て新聞受けから新聞を取り出すのを確認するためだった。この日の朝刊には「南港のバラバラ遺体事件　摂津市の女性と確認」「女性バラバラ遺体　摂津市の会社員」「摂津市の女性と確認　ＤＮＡ型鑑定で一致」などと発表に基づく身元判明の記事が一斉に掲載されていた。

新聞を持って自宅に戻る男。捜査１課はやや時間を置いて男を自宅から任意同行した。取調室に入ってきた男の内心は動揺していたとみられる。当初は黙秘だったが、生い立ちや日常を調べ尽くした上で取り調べに臨んだ滝谷の訴えかけによって、男は犯行を悔い自白に転じた。その瞬間を逃さず、男に投げかけた「しんどかったやろ」の一言について、滝谷はこう説明する。「身元判明が発表されたことを報道で知り、動揺しているはずだから使った。『警察が来るかもしれないという恐怖感はしんどかったやろ』と」

だが、男が動揺していたのは、それだけが理由ではなかった。任意同行する前夜、殺害された女性の遺族が捜査1課から依頼を受け、男に電話をかけていた。「うちの母ちゃん返せ！」。このことは滝谷も知らされていなかった。

捜査の成否を大きく左右する「捜査指揮」。特に大量の捜査員を投入する殺人などの捜査本部事件は分業制で、さまざまな情報が指揮官に集約される。「捜査員の配置」「証拠の見極め」「情報の分析」「捜査手法の指示」――。さらに任意同行の時期や逮捕の判断は捜査の行方を決定づける。

大阪水上署のバラバラ殺人事件の場合、被害者の身元判明とほぼ同時に容疑者が浮上したものの、その後の行動確認や周囲の聞き込みでは有力な証拠が入手できなかった。取り調べで秘密の暴露を迫る「突きネタ」もない。

川本は滝谷の取調官としての資質と能力を高く評価していたが、「なんぼ有能な取調官でも、割れん（自供させられない）ことはある。割るだけの材料や環境を取調官にそろえてやるのが指揮官や。何にもなしで取調官に『割らんかい』いうても、そんなもん無理や」と後方支援の重要性を説く。

捜査指揮に当たる川本が、こうした状況を踏まえて決断したのが女性の身元公表と直後の男の任意同行だった。「ここまで伏せていた被害者の身元が報道されれば、男は捜査が及ぶ危険を感じ、必ず動揺する。不安な心理は取り調べで有利に働く」とその狙いを明かした。

任意同行の前夜に遺族から男に電話をさせる作戦も、取調官をバックアップするために川本が発案したものだった。「まったくネタがなく、精神的に揺さぶろうと電話をさせた。間違いなく心が揺れる。その確信はあった」と言う。

結果は奏功したが、こうした川本の独自の手法に対し、警察庁のキャリアで大阪府警の刑事部長だった知念良博は事前に報告を受けた際に「そこまでやるのか」と驚きを隠さなかった。川本自身も「前例がないやり方で、批判も出るだろうとは思っていた。適法かどうか議論にはなるだろう」と認める。

一方で事件の解決に向けた捜査指揮については、あらゆる局面で〝最善の判断〟が求められるとし「常に先頭に立ち、知恵を絞る姿勢が必要だ」と言い切る。そしてここでも使うのが「指揮責任」という言葉だ。

「指揮官は自らの捜査指揮そのものに責任を負わねばならない。取調官は最前線で戦っている。みんなでバックアップして割れる状況をつくってやるのは当然。いまの指揮官にはそういう配慮が全然ない」

大阪水上署のバラバラ殺人事件では大阪地裁が1997年2月、男に懲役12年の実刑判決を言い渡した。川本は振り返る。「指揮責任とは、捜査指揮には覚悟と責任が伴うという当たり前のことを言っているにすぎない。捜査指揮官の最大の仕事は、自らの捜査を自ら検証することだ」

捜査指揮官に必要な資質

捜査指揮官に必要な資質とは何か——。警察庁の元刑事局長は「指揮官は誰よりも努力し、それによって捜査員から『この人の下で頑張ろう』と思われる人じゃないといけない」と力説する。

自身も現場の刑事部長として三つのことを実践した。①必ず現場に行き、現場に身を置いて観察する、②証拠品の分析や地取り担当の捜査員の話を聞く、③捜査資料を丁寧に読み込む。「捜査指揮を間違えると、捜査は迷走する。この三つを実践すると自分なりの事件の筋読みができる」

刑事警察の経験が豊富な警察庁官房の幹部は「事件が長期化したとき、指揮官が諦めていると捜査員が感じたら、その捜査は死ぬ。指揮官には『絶対に諦めない』というエネルギーが不可欠だ」と言う。そして「捜査が行き詰まった場面で、新しい視点や技術、取り組みを持ち出せるよう勉強することが大事」とも語る。

一方でこの幹部は「捜査は自分の感情を満たすためのものではない。容疑者に刑事責任を負わすための客観的な認定ができるかどうか最終的に判断しないといけない。勝負をかける勇気も必要だが、打開できないときに撤退を決断するのも指揮官の役目。やみくもな家宅捜索や逮捕は戒めないといけない」とも。

県警の鑑識課長や刑事部長、本部長などを歴任し刑事警察の現場に詳しい元警察庁刑事局長の岡田薫は、捜査指揮官にとって重要な要素は三つの「K」だと説明する。まずは「考える」。自分の頭で考える習慣がある人を指す。次に「経験」。成功例でも失敗例でも経験から学び生かせる人だ。そして「心」。粘りやしつこさを持ち、決して諦めない心。この「3K」が大切だと指摘する。

見習うべき捜査指揮官として、元警視庁捜査1課長の寺尾正大の存在を挙げる。特に米国で女性が殴打、銃撃された1980年代初頭の「ロス疑惑」について、夫だった男は最終的に無罪（殴打事件は有罪）になるが、被害者の無念を晴らしたいという「警察官魂」と粘りが示された捜査として岡田は高く評価する。

捜査の全体を見ることが指揮官の重要な役割で、捜査員は分業しているが、指揮官は分業したすべてを頭に入れ、誰よりも状況を把握していなければならない。この点に関して、寺尾は「熟知」という言葉を使っていたという。

熟知するために誰よりも早く捜査本部に来て、誰よりも遅くまで捜査本部に居残る。現場を見て、押収資料を見て、証拠品と証拠品目録にも目を通し、報告書はすべて読む。そうやって熟知することで、任意同行するのかしないのか、逮捕するのかしないのかなどタイミングも含め判断できるという。指揮官の判断力は捜査の行方を決める。重要なポイントを逃すと後で挽回するのは困難だ。

また、岡田は個々の捜査員の能力の把握も指揮官の重要な責務として重視する。「ここぞという時に任せられる捜査員を見極めるためには、部下の能力や経験を十分に認識しておかなければならない」

川本も特に容疑者に応じて取調官を選ぶために「取調官の能力、資質の把握は、指揮官に欠かせない。取調室に聞き耳を立て、どんな調べをしているかじーっと聞いていた」と言う。

科学捜査の進歩などを受け、警察捜査を巡る環境は大きな変革の時を迎えている。警察内部からは、対象犯罪が拡大した通信傍受や、捜査機関への協力の見返りに起訴を見送ってもらうなどする司法取引を駆使した捜査指揮のありようを求める意見も聞かれる。元警察庁長官の金高は「取り調べの重要性は変わらないが、いきなり取り調べで解明しろという捜査指揮はダメだ。あらゆる捜査手法で客観証拠を可能な限り得た上での取り調べによる全貌解明がベストだ」と話す。

警察庁の刑事局幹部は言う。「前例を踏襲するだけの指揮では解明できない事件も起きている。指揮官には、情報を取捨選択し捜査を正しい方向へ導く責任がある」

「神戸連続児童殺傷事件」早期解決へ導いた職質

「歩いている人は全員、職質しろ」。神戸市須磨区のニュータウンで1997年2〜5月、小学生5人が相次いで襲われ、小学4年生の山下彩花さんと6年生の土師《はせ》淳《じゅん》君が殺害された。猟奇的な犯行で社会を震撼させた「神戸連続児童殺傷事件」。早期解決へと導いた捜査指揮の一つは、徹底した職務質問の指示だった。

同年5月27日早朝。須磨区の中学校の正門前で、切断された男児の遺体の一部が見つかった。「酒鬼薔薇聖斗《さかきばらせいと》」と名乗り〈さあゲームの始まりです〉〈学校殺死〉などと書かれた「挑戦状」も添えられていた。

男児は24日から行方不明だった淳君と分かり、さらに遺体の別の部分が住宅街の一角にある通称「タンク山」と呼ばれる小高い山の頂上付近にあるケーブルテレビ中継アンテナ基地で見つかった。ニュータウンではそれまで小学生4人が襲われ、金づちで殴られた彩花さんが死亡しており、住民は恐怖と不安に包まれていた。

兵庫県警の刑事部長だった深草雅利は27日午前7時ごろ、県警本部の刑事当直から警察電話で「学校の校門に遺体の一部と思われるものが置いてあります。判明していませんが行方不明の少年と思われます」と連絡を受け、同8時ごろには中学校正門前に臨場する。すでに鑑識活動が始まっていた。その場で「犯人は愉快犯」だと強く感じたという。

遺体の一部は発見時、校門の門柱の横に置いてあったが、門柱の上には遺体の一部を置いた形跡があった。「人の目を意識した置き方」と直感し「犯人は警察の動きを探るため必ず現場周辺を見に来る」と考えたという。

深草はその日のうちに捜査本部で、捜査1課長ら幹部に「現場周辺を歩いている人たちは子どもから高齢者まで徹底的に職務質問してほしい。それを名簿にし、パソコンに登録してくれ」と求めた。深草の指示で手が空いている捜査員らは徹底して職質要員に振り向けられた。現場周辺では連日、580人態勢で職質や警戒、聞き込みに当たった。警察官の大量動員は住民の不安解消につながることにもなる。

それから数日後のことだった。中学校からもタンク山からも半径500メートル以内の路上で、捜査1課の巡査部長が歩いていた中学3年生の少年を職務質問した。「何やってるの？　事件についてどう思う？」。巡査部長の質問に対し、少年は〈さあゲームの始まりです〉〈愚鈍な警察諸君〉などと記された挑戦状の文言を取り上げ、「新聞で読み、格好良いと思って挑戦状を暗記していた」と話したという。

巡査部長は「変な少年だ」と感じ、被害者を知っているかと聞くと、この少年は「知らない」と答えた。

6月4日。神戸新聞社に犯行声明が届く。深草は犯行声明の中で、警察への挑発とみられる「もっと怒りと執念を持ってぼくを追跡したまえ」という一文に目をとめた。6日に開かれた捜査会議で、深草はこの一文から推測し「犯人は警察が（職質などで）触ったことがある人物じゃないのか？」と幹部らに投げかける。

それに対し捜査1課の調査官が「いまおっしゃったのに合うのが1人います」と答えた。その1人とは、捜査1課の巡査部長が職質した少年のことだった。少年は職質の際には被害者のことを「知らない」としていたが、周辺捜査で少年は淳君と顔見知りで、少年の家に淳君が遊びに来ていたことがすぐに判明した。少年はうそをついていた。

翌日から、この少年に的を絞った極秘捜査が開始された。少年の存在を知っていたのは捜査本部内でも刑事部長の深草、捜査1課長、調査官、課長補佐2人と捜査員1個班の計15人だけ。社会を恐怖に陥れた連続児童殺傷事件の容疑者が中3の男子生徒——。影響の大きさから情報共有は最小限に絞り、県警本部長にも当初、情報を上げなかった。「情報が漏れたらこの15人の誰かだからな」。互いにそう言って保秘を徹底したという。須磨署の捜査本部とは別に捜査員の知人宅に「裏捜査本部」を設けて少年をマークした。

一方で捜査本部の他のほとんどの人員は、少年が容疑者から外れた場合に備え、別の捜査に振り向けられていた。一時は容疑者として有力視された「黒いゴミ袋の男」の目撃情報が中学校周辺であり、「つぶしの捜査」も必要だった。

6月21日の土曜日に捜査会議が開かれた。調査官がそれまでの捜査結果を報告し、深草が少年の任意同行を1週間後の28日に決定した。少年が対象なので両親が在宅している可能性が高い土曜日を選択した。その日両親がいなかったら翌29日の日曜日に変更することも決めた。

神戸連続児童殺傷事件は、①小6女児2人がハンマーで殴られる殴打事件（2月10日）、②彩花さんが金づちで殴られ1週間後に死亡し、近くで小3女児が腹を刺される連続通り魔事件（3月16日）、③タンク山での淳君殺害事件（5月24日）——の三つの事件に分かれている。深草らは任意同行した少年が取り調べで三つの事件すべてを否認した場合の対応策を検討した。

否認のまま逮捕できるだけの証拠があるかどうかという観点から、①については「被害者による目撃情報は証拠価値が高い」として、小6女児に対する傷害容疑での逮捕か家宅捜索を対応策として練ったという。

任意同行（任同）に入ったのは28日午前7時。懸案事項として両親が任同に抵抗することも考えられるため、捜査1課で最も説得がうまいとされた捜査員に加え、少年課の捜査員も付けて任同にあたった。少年を乗せた車は同7時20分には兵庫県警本部に到着。取り調べは捜査1課のエースとされる捜査員が担当した。深草も同9時には県警本部に入り、報告を待った。

神戸連続児童殺傷事件は、連続通り魔事件の捜査が膠着《こうちゃく》している最中に淳君が行方不明になり、遺体で見つかるという経緯をたどった。連続通り魔事件では女性2人による犯人の目撃情報があったが、いずれも後ろ姿で他に有力な証拠はなく難航。深草も女児2人が襲われうち1人が死亡するという残忍な事件をどうやって打開するか苦心していたという。

連続通り魔事件の発生から2ヵ月以上が過ぎた5月23日の金曜日、目立った進展がなく捜査員の心身共に疲れている様子を見て取った深草は、県警の寮に酒を持ち込んで、手の空いている者は英気を養い、週末は休もうと提案した。深草は「そうしたらその翌日の24日に淳君がいなくなった」と話す。

そういった偶然も重なっていただけに、事件解決への思い入れはより強かったとみられる。少年の取り調べが始まって2時間ほどの午前10時前後には深草のもとに「淳君以外の事件は自供しました」と連絡が入る。昼すぎぐらいに「全部落ちました」と全面自供が伝えられると、深草は「本当にホッとした」と言う。捜査本部はこの日、淳君殺害事件で少年を逮捕し、発表する。行方不明から36日目の逮捕劇となった。

深草は連続児童殺傷事件について「あの職質は大ヒットだった。あれがなかったら捕まっていないか、解決までもっと時間がかかっていたと思う」とした上で「捜査はセンスと経験。とにかく現場を見ることでヒントが見つかる」と語った。

指示は被害者の〝押収〟

国民の生命と暮らしを守るため、事件を捜査し、犯罪を未然に防ぐ——。これが「警察の任務」とされる。ただ現実の社会では利害関係や人間関係が複雑に絡み合い、事件性を判断するのが難しい事案も多い。捜査には「公平中正」と人権への配慮も求められる中、的確な判断に基づき、責任と役割をどう果たしていくのか。最前線に立つ捜査員らの動きを追った。

家宅捜索の目的は、被害者の〝押収〟だった。

1995年3月19日の日曜日。大阪府箕面市の住宅街で午前、21歳の男子大学生が自宅からオウム真理教大阪支部の信者らに連れ去られ、大学生の父親が「息子が男たちに車に乗せられて連れて行かれた」と110番通報した。

ただ、この大学生も信者だった。この日の大阪府警捜査1課の当直責任者だった特殊班の班長は「事件性は薄い」と判断し、「同じ信者同士だから事件性はないと思います」と捜査1課長の川本に報告。これに対し川本は「俺は現場に行くから聞き込みを続けろ」と指示し、現場へ急行した。

閑静な住宅街に到着すると、目に飛び込んできたのは、「息子を返せ！」と泣き叫んでいる大学生の母親の姿だった。その様子を見た川本はすぐに大学生の救出を決断する。「お母さんが返せ言うとるのに、事件やないか」。特殊班に、その日のうちにオウム真理教大阪支部を家宅捜索するよう指示した。そして命じた。「被害者を押収しろ」

当時、オウム真理教を巡るトラブルが各地で起き、疑惑の集団とみられていたが、坂本弁護士一家失踪事件や目黒公証役場事務長拉致事件などの犯罪との決定的な関わりはまだ明らかになっていなかった。そういう状況下でのオウム真理教への強制捜査（家宅捜索）の決断に、大阪府警刑事部の各課長ら幹部は非常参集した。中には「宗教法人へのガサとは1課長もむちゃくちゃするな」と漏らす幹部もいた。ましてや川本が指示した捜索差し押さえの目的物は被害者だった。

捜索で「差し押さえるべき物」を被害者である大学生にすることを意味していた。「人間の差し押さえ……。そんな令状出まっか？」。集まった府警幹部らは抵抗した。それまでに人間を差し押さえるための家宅捜索を見たことのある幹部は1人もおらず、思いもよらない発想だった。川本の判断について法的な見解を求めるため府警本部の刑事総務課に問い合わせた幹部もいたほどだ。

だが川本自身は抵抗されても取り合わなかった。「判断基準の大きな一つは、世間が批判するかどうかや。世間は絶対、反対せん。大丈夫や。これは認めてくれる」「そもそも違法かどうかより、被害者の救出が最優先や」

捜査1課は川本の指示通りに捜索差押許可状を裁判所に請求した。発付された令状の差し押さえるべき物の欄には、大学生の名前が記されていた。

その日の夜、大阪市中央区のオフィス街。特殊班が機動隊を引き連れて現れた。オウム真理教大阪支部が入る7階建てビル1階部分のショーウインドウには松本智津夫元死刑囚（教祖名麻原彰晃）のポスターが貼られ、教団関係とみられる本が並んでいた。機動隊員を先頭にして特殊班の班員らが突入すると、ビル内には信者ら約30人がいた。特殊班は、畳敷きの道場から被害者の大学生を救出し、逮捕監禁容疑で信者3人を逮捕した。

信者だった大学生は「誘拐や拉致とは違う」として自宅に戻るのを渋ったが、府警の要請を受けた知人の女性が「そんなこと言うたらあかん。警察に被害届を出して」と説得し、ようやく応じた。捜索では「お楽しみ袋」と書かれた茶封筒も見つかった。信者たちの財産の内容を詳しく記入した書類が入っていた。教団が信者に寄進させようとしていたものだったとみられる。川本は「だから『お楽しみ』というわけや。自宅の坪数や時価、車の種類とかが書いてあった」と説明した。

初動のミスで失われた命

警察法は第2条で、個人の生命や身体、財産の保護のため、犯罪の予防や捜査に当たることを「警察の責務」と規定している。国民の命を守ることが最大の任務とされる。緊急時における初動捜査の的確な判断と迅速な職務執行は、被害者の救出に必要不可欠だ。初動の失態や怠慢は、取り返しがつかない事態を招きかねない。

刑法犯の認知件数が急増し、治安が危険水域に入った1999年、警察の信頼を揺るがす事件が相次いだ。同年10月初めごろ、少年3人が栃木県の会社員(19)を拉致して発生した

「栃木リンチ殺人事件」。リンチを繰り返して約2ヵ月連れ回し、同年12月に山中で絞殺した。宇都宮地裁は栃木県警の捜査怠慢と死亡との因果関係を認めたが、のちに過失と死亡の因果関係を大幅に後退させた二審高裁判決が確定した。

「桶川ストーカー殺人事件」はストーカー規制法の契機となった。埼玉県桶川市の女子大生(21)が元交際相手の男やその兄らから中傷ビラなどの嫌がらせを受け、1999年7月、名誉毀損で上尾署に告訴したが、署員が調書を改竄《かいざん》するなどして捜査を怠った。女子大生は同年10月に刺殺され、両親が起こした民事訴訟で、さいたま地裁は捜査怠慢を認めた。

2000年1月には新潟県柏崎市の男の自宅で約9年にわたり監禁されていた女性が保護された。保護したのは地元の保健所職員だったのに、新潟県警は警察官が保護したように虚偽の発表をしたほか、県警本部長らが保護当日の夜、温泉で、特別監察の関東管区警察局長をマージャンで接待していたことが発覚し、県警不祥事に発展した。

警察改革を議論した警察刷新会議は同年7月、警察の「民事不介入」に関する誤った認識の払拭や部内教育の充実などを求めた緊急提言をまとめるが、2002年3月には捜査の怠慢で被害者が死亡する「神戸大学院生暴行死事件」が発生した。

神戸市の大学院生が同市西区で駐車位置をめぐり暴力団組長に言いがかりを受け、組員らに車で拉致された上、暴行を受けた。大学院生はその後、河原に放置され遺体で見つかった。神戸地裁は「現場へ行った警察官が十分な捜査をしなかった」と、兵庫県警の不手際と被害者死亡との因果関係を認め、２００６年に確定した。

当時の県警幹部が振り返る。「警察にとって初動は命だと痛感した。いざというときに頼りになるのが警察の基本だ」


警察の捜査が問題になるのは、多くが初動の対応ミスだ。「事件性の見逃し」と、ストーカーなど「人身安全関連事案の不手際」に大別される。

事件性の見逃しで最も非難されるのが殺人事件。犯罪死を検視や捜査のミスで病死や事故死として処理してしまい、犯罪の発生が認知できない場合、第2、第3の殺人事件が起きることがある。

犯罪死の見逃しは１９９８年以降、全国で56件発覚している。死因究明制度の改善に取り組んだ元警察庁長官の金髙は「殺人の見逃しは警察の恥というよりは罪。殺人事件を認知できなければ、殺人犯を市民の中に放置することになり、往々にして次の殺人が起きる」と話す。

金髙は２００９年からの刑事局長時代、事件性の有無を判断する検視官の臨場率や遺体の解剖率を向上させるための施策を推進した。その結果、法医解剖は従来、裁判所の令状に基づく司法解剖、遺族の承諾による承諾解剖、監察医による行政解剖の3種類しかなかったが、2012年6月に死因・身元調査法が成立し、警察署長の判断で実施できる調査法解剖が新たに加わり、解剖率の向上につながっている。

人身安全関連事案の不手際では、被害者からの再三の相談への対応が鈍かったり、事案を軽視したりする「怠慢」「失態」が原因とされる。桶川ストーカー殺人事件の後も、警察に被害相談していた女性や家族が殺害される悲劇が起きている。

長崎県西海市で2011年12月、ストーカー被害を訴えていた女性の母と祖母が自宅で男に刺殺された。ストーカー行為の相談を受けていた千葉、三重、長崎の3県警は「危機意識が不足していた」との検証結果をまとめた。千葉県警習志野署員が被害届の受理を先送りして慰安旅行をしていたことも表面化し、県警本部長らが処分された。

2012年11月には神奈川県逗子市の女性（33）が自宅で元交際相手の男に刺殺され、男は自殺した。県警が11年に女性への脅迫容疑で男を逮捕した際、逮捕状に記載された女性の結婚後の姓や住所の一部を男に読み上げていたことが発覚。女性は12年3〜4月、男が大量のメールを送ってくると県警に相談していたが、当時のストーカー規制法で連続した電子メールの送信は適用対象外だったため摘発されなかった。事件を機に法の不備が指摘され、初の改正につながった。

２０１３年10月には東京都三鷹市で、高校３年生の女子生徒が刺殺され、元交際相手の男が殺人未遂容疑で逮捕された（のちに殺人などの容疑に切り替え）。女子生徒は事件当日の午前中に両親と三鷹署を訪れ、男によるストーカー被害を相談していたことから警視庁の対応が問題視され、警察庁は同年12月、全国の警察にストーカー対策を強化するよう指示した。

警察庁で刑事局担当の官房審議官などを歴任した小野正博は「桶川のストーカー事件も、刑事訴訟法的には『殺人事件』として立件したが、『なぜ相談に来た被害者の安全を確保できなかったのか』という批判が根強く残った」と警察側の対応の不備を認め、「事案が起きれば複眼的な捜査が必要になる。事件化して公判で立証するだけではなく、被害者の救出や犯罪の抑止、被害の拡大防止も求められる。警察法がそれらを含めて警察捜査だと規定しているからだ。警察官は単なる公務員ではない。現場で一人ひとりが自分で判断しないといけない」としてより被害者サイドに立った捜査を求める。

警察庁長官の露木は背景について「事件捜査は本来、人を処罰するための手続きであり、それによって被害に遭いそうな人の人身被害を防止するという発想がそもそもなかった。桶川事件も名誉毀損が立件に値するかどうかという感覚だったと思う。そうであれば、署で他に傷害事件が発生していれば、当然、事件としてはそっちが重いのでそれを優先してしまう」と説明する。

一方で「捜査することによって対象となっている事件そのものではなく、その先にもしかしたら起きるかもしれない凶悪事件の発生を防止することが求められていると気付かされた。何か事件が起こる前に警察がそれを予防するためにもっと積極的に動いてほしいというのが国民の期待になってきていると思う」とみている。

1995年に大阪で起きたオウム真理教信者による大学生拉致事件。宗教団体への強制捜査を巡っては、信仰や親子問題を理由に「警察の勇み足」「もっと慎重に対処すべきだった」「オウム側に『宗教弾圧だ』との口実を与えた」などと非難も出た。それでも捜索を指揮した川本は言う。「違法と批判されても、俺はやかましいと言えた。被害者の生命というのは第一や。批判を恐れて法的な判断を重視し、二の足を踏む指揮官がいるが、被害者の救出こそが最優先。これは絶対に間違いない」

大学生は救出されなければ翌3月20日、教団拠点の山梨県上九一色村（当時）に連れて行かれることになっていた。その日、東京では中央省庁が集まる営団地下鉄（現・東京メトロ）霞ケ関駅を通る3路線5車両に猛毒のサリンがまかれ、2020年に闘病の末亡くなった女性を含め14人が死亡、6000人以上が重軽傷を負う地下鉄サリン事件が発生した。

突出する首都の「人身安全関連事案」

ストーカーやドメスティックバイオレンス（DV）などの「人身安全関連（人安）事案」を巡る捜査は、特に迅速で的確な初動が求められる。警視庁の幹部は「人安事案の大原則は被害者の命を守ること。一瞬たりとも気が抜けない」と対応の難しさを口にする。

警視庁勝どき庁舎（東京都中央区）にある「人身安全関連事案総合対策本部」（2020年2月現在）。対象事案は首都・東京で起きる男女間トラブルやストーカー、DV、児童・高齢者虐待、特異行方不明者と幅広い。200人を超えるスタッフが24時間体制で目を光らせ、被害を未然に防ぐため奔走している。

相談してくる側に危機感が低かったり、危険性を感じていなかったりすることも多く、対策本部は相談を受ける現場の各警察署に対して「とにかく命を守ること。いま発生していなくても今後発生する可能性がある危機に気付くのは警察しかいない」との基本認識を徹底させているという。

相談者によっては「(元交際相手などの加害者について）悪い人ではない。警察に知っていてもらうだけでいい」などと被害届の提出に消極的になりがちなため、暴行、傷害、脅迫の疑いがあるようなケースでは生活安全部門だけではなく刑事部門の捜査員も必ず立ち会うことになっている。事件性が濃い場合は、将来発展する恐れがある危険性を相談者に認識してもらい、被害届の提出を求めるという。

対策本部には日々、１０２の警察署から50件前後の人安事案が報告される。事件に発展しそうな案件は、相談者が警察署にいるうちに対策本部に電話速報するのが決まりだ。「もう一回相談者連れてこい」「これダメ。レイセイ（逮捕令状請求）だ」「安否確認して」。参事官や理事官ら幹部は速報表の一つひとつに目を通し、動きが鈍い署には逐一指示を出す。そうやって警視庁全体の人安事案について見誤らないようにしている。

警視庁には苦い経験がある。先述の東京都三鷹市で起きたストーカー殺人事件（２０１３年10月）と、小金井市の女子大生刺傷事件（16年５月）だ。被害者はいずれも署に相談していたが、結局事件に巻き込まれた。

幹部は「三鷹、小金井……。第３の事件があったら警視庁は終わりだぞという気持ちでやっている」。警視庁の18年のストーカー相談件数は１７８４件、ＤＶは９０４２件で、いずれも全国的に見て突出している。22年はそれぞれ１２０７件、８３８９件だった。対策本部の捜査員は署に指示を出したり、出向いたりして人安事案への対応を支えている。

危機管理に精通する元警視総監の高橋清孝は「国民の命に関わるような事案が多い中、現場で警察が適切に権限行使できる根拠規定を備えるべきだ」として、法整備の必要性も訴えている。

「工藤会」を潰せ

市民を巻き込む恐れのある暴力団などピラミッド型の組織犯罪。根絶に向けては、トップを摘発して組織を弱体化させられるかどうかが鍵となる。関係者からの詳細な供述の収集、法を駆使した綿密な捜査プラン、そして相手の裏をかくような情報操作。検察との連携も不可欠だ。凶悪事件を重ねた「工藤会」に挑む福岡県警の動きを検証し、捜査指揮の在り方を探る。

2014年9月11日。福岡県警は全国で唯一、暴力団対策法の特定危険指定暴力団となった「工藤会」（北九州市）の壊滅を目指す「頂上作戦」に着手した。ターゲットは野村悟・総裁とナンバー2の田上《たのうえ》不美夫・会長。容疑は1998年に起きた元漁協組合長の殺害だった。

同市小倉北区の野村総裁の自宅ではこの日午前4時過ぎぐらいから、組員らの車が激しく出入りするようになった。同じころ、前日から同市のホテルに泊まっていた当時の暴力団対策副部長、一瀬《いちせ》裕文《ひろふみ》に電話が入った。「野村の家で工藤会の連中が出入りし始めました」。組織犯罪対策課長からだった。一瀬はすぐにホテルを出ると、小倉北署の中にある北九州市警察部の会議室に設けた「Ｌ１」（指揮本部）に急いで向かった。

一瀬が小倉北署に到着したのは午前５時前。署の玄関にはすでに多くの報道関係者が集まっていた。Ｌ１に入ると、中にいた幹部は小倉北署長、北九州市警察部長の２人。工藤会対策を担う北九州地区暴力団犯罪捜査課（北暴）の課長は野村総裁を逮捕するため現場に出て指揮に当たっていた。Ｌ１のスタッフが現場からの電話を受け、驚きの声を上げた。「野村を職質した？　うそやろ！」

それを聞いた一瀬はすぐに問いかける。「昨日かおとといの話じゃないとか」。スタッフは「ちょっと待ってください」と言って現場に確認し、改めて「いや、ついさっきのことです」と答えた。

一瀬は声を張り上げた。「野村が外に出とるやないか！」。すぐに「全体配備」の発令を指示した。緊急配備の中でも全警察署の管轄区域に警戒員が配置される強力な配備だ。さらに空港、駅、港湾は重点的に警戒するよう注意を促した。野村総裁を職務質問した経緯とは――。

同市八幡東区の路上に午前4時半ごろ、黒のベンツが現れた。早朝にベンツの通過。遭遇した交番の警察官が不審に思い、職務質問のためベンツを止めたという。運転者は工藤会の金庫番とされた幹部。パジャマ姿の野村総裁が同乗していた。警察官はパジャマ姿の男の身元について質問。幹部が野村総裁だと説明すると、驚いた警察官は「野村？ 工藤会の野村か？ なんしよっとか」。それに対して幹部は「腹痛で病院に連れて行きよります」。警察官は「本当に野村か？ 顔見せろ」と求め、野村総裁本人と確認した。野村総裁を逮捕する頂上作戦の着手についてまったく知らされていない交番の警察官はそのままベンツを見送ったという。野村総裁は頂上作戦に着手した警察の動きを察知し、車の出入りに乗じて外に出たところを、職質された可能性があった。

この時点で野村総裁に逮捕状が出ていたことを知らされていたのは、福岡県警内部でもごく限られた幹部らだけだった。職質した警察官は交番に戻り、配達されたばかりの朝刊を見て初めて事態を把握する。「工藤会幹部らを逮捕へ」。前打ち記事の衝撃的な見出しが躍っていた。驚愕した警察官はすぐに、野村総裁を職質した事実を報告したという。

最高幹部２人の自宅付近には機動隊員や捜査員ら約２５０人がすでに待機していた。野村総裁を乗せた黒のベンツが自宅敷地内に戻っているのは確認できた。福岡県警は午前6時46分、家宅捜索に着手。それから約30分が過ぎたころ、Ｌ１の無線が野村総裁の逮捕を伝えた。「令状執行。7時21分。小倉北署に引致する」。職質を受けた後、野村総裁はなぜか自宅に戻っていた。一方でナンバー2の田上会長には逃げられた。沈痛な面持ちの捜査幹部たち。だが、Ｌ１に現れた当時の福岡県警本部長、樋口眞人は上機嫌に言った。「百点満点！トップを捕まえたら百点だ。記者会見やるよ」。福岡県警は野村総裁を逮捕すると同時に「工藤会関連事件特別捜査本部」を設置した。

工藤会は北九州市に拠点を置く九州最大規模の暴力団だ。福岡では１９９０年代後半ごろから工藤会が関わったとみられる凶悪事件が相次いでいた。98年2月、北九州市の元漁協組合長で砂利販売会社会長の男性が、同市の繁華街路上で射殺される事件が発生した。以降、発砲や襲撃が続発し、２００３年8月には北九州市の高級クラブ「ぼおるど」に工藤会系組員の男が手榴弾を投げ込み、約10名が負傷。同店は経営者が暴力団追放のリーダー的存在で、従業員らが脅迫されるなどの事件が続いていた。

その後も企業トップや社員を狙った事件が続発。２０１２年4月には北九州市の路上で、歩いて通勤途中の元警部がバイクに乗った男に銃撃され重傷を負った。同年8月、「暴力団立ち入り禁止」の標章を掲示した飲食店関係者らが相次いで襲われ、工藤会は同年12月、特定危険指定暴力団に指定される。それでも襲撃事件は続いた。13年1月には野村総裁が通っていた病院の女性看護師が福岡市で切り付けられる。凶暴で危険な暴力団と判断した米国財務省も14年7月、工藤会と最高幹部2人の在米資産を凍結し、米国人との経済取引を禁止する措置を取ったほどだ。

当時の福岡県では指定暴力団の道仁会と九州誠道会が拳銃を使った抗争事件を繰り返して「特定抗争指定暴力団」に指定され、工藤会だけではなく、拳銃や手榴弾、火炎瓶などを使った事件が各地で発生していた。一瀬は「北と南で事件が起きて股裂き状態みたいになり、やられっぱなしだった。1人の捜査班長がいくつも事件を抱え、みんな目の下にくまができていた。死人が出るんじゃないかと本当に心配した」と打ち明ける。

警察庁が工藤会対策の牽引役として福岡県警に投入したのが樋口だった。樋口は徳島県警や大阪府警、警視庁の捜査2課長など刑事警察の要職で捜査手腕を振るい、多くの重要事件で実績を挙げていた。警察庁次長時代に工藤会対策に関わった元長官の金髙も「福岡では何十件も発砲事件が起きたり、爆弾が投げられたり、民間企業もやられた。ひどい状態で、捜査で（工藤会を）つぶすしかないという発想が強くなり、事件に強い樋口に白羽の矢が立った」と説明する。

樋口は2013年6月に福岡県警本部長に就任すると、直後から幹部や捜査員らに「私が在任中に必ずトップ2人を死刑か無期の判決が出る犯罪で逮捕する。本部長として最善を尽くす。皆さんもそれぞれの立場で頑張ってほしい。いままで以上の頑張りを期待する。特に警察が一枚岩となり、検察とも一体となることをお願いしたい」などと繰り返し訴えた。

樋口が赴任してから5ヵ月ほどは工藤会によるとみられる事件は起きなかったが、同年11月22日、北九州市で建設会社社長の男性が黒のフルフェースヘルメットの人物に刃物で襲われる殺人未遂事件が発生。同市ではこの日、県知事や県議らも臨席した「暴力追放福岡県民大会」が開催されていた。

樋口は同年12月12日の県議会で、一般質問に答えるため議場に立った。通告された質問は『市民を暴力団の前面に立たせる暴排条例を企画・立案しながら1件も検挙できていない警察の責任』と『警察本部長の覚悟』を問う」という内容だった。

樋口は自ら作成した想定答弁のメモを手にして、特に「覚悟」について自身の思いを12分にわたり丁寧に語った。「工藤会対策の帰趨《きすう》は、今後の全国の暴力団対策に重大な影響を与えます。（警察に）抵抗すれば従来通りの利権を維持できるとなれば、他の暴力団も工藤会と同様の抵抗をしようとするでしょう。工藤会対策は引き分けでは終われない。警察にとっても社会にとっても正念場と考えています。市民の目に見える形で成果を出します」。答弁の最後に市民への協力を訴えるつもりだったが、熱弁に対し議場からの拍手が次第に大きくなり、答弁を続けることができなくなった。組織犯罪は末端のヒットマンを摘発しても継続する。トップの立件が至上命令。その実行を県議会で約束した瞬間だった。

議会答弁の8日後。1998年に殺害された元漁協組合長の弟が銃撃され死亡する殺人事件が発生。元組合長殺害事件では実行犯が有罪となったが、野村総裁は逮捕されず、田上会長は逮捕され勾留も付いたが、不起訴処分とされていた。捜査陣は15年前の元組合長殺害事件の裁判記録を引っ張り出した。そこには野村総裁ら上層部の関与を示す証言や供述があった。高裁での判決文にもトップ2人の関わりを推認させる事実について記載されていた。

いずれも伝聞のため当時は刑事訴訟法上の規定で証拠採用されなかったが、語った人物の多くが死亡しており、例外規定で伝聞性が排除され証拠能力が認められる可能性がある。「これ、いけるやないか」。一瀬ら捜査幹部は色めき立った。

追い風も吹いた。大阪高裁が２０１４年１月、組員らが起こした殺人で幹部の共謀を認定して有罪とする画期的な判決を出した。捜査陣は当時の暴力団対策部長が中心となり、この判決に工藤会の一連の未解決事件を当てはめて捜査を組み立てた。同部長は暴力団対策・捜査のスペシャリスト。大阪高裁の判決や裁判、その捜査にも詳しかった。福岡県警警務部に働きかけて、一瀬ら精鋭を暴力団対策部に集めたのも同部長だった。

樋口は同年夏、捜査陣が丁寧な捜査を尽くし、新たな証拠も積み上げられたと判断、検察サイドとも協議を重ね、頂上作戦の実行を決断した。最高検もこの夏のお盆ごろ、頂上作戦の着手にゴーサインを出す。第1弾は元組合長殺害、第2弾は女性看護師切り付けの立件を目標とした。

樋口らは情報戦を含めた戦術や戦略を張り巡らせた。野村総裁らを共謀共同正犯とする容疑で何度も家宅捜索を実施した。「トップの関与を認定しているぞ」と示して組織に衝撃を与え、動揺を誘う狙いがあった。一方、家宅捜索を繰り返すことで「ガサだけで逮捕はされない」との印象を植え付けた。職質を受けた後に自宅に戻って逮捕された野村総裁。一瀬は「背景には逮捕されないとの油断があっただろう」と話す。

さらに、野村総裁、田上会長を共謀共同正犯として何度も捜索令状を請求することは、裁判官に工藤会という組織についてどういう暴力団か認識し、悪質性を把握してもらうのに役立つことにもなった。

検察サイドのゴーサインが出ると、福岡県警は頂上作戦の着手に向け態勢づくりを始め、作戦第１弾のＸデーを「９・11」に決定した。第１弾の元組合長殺害事件でトップ２人を逮捕することで組織の指揮命令系統を遮断し、第２弾の女性看護師切り付け事件でトップ３までの幹部に加え、実行部隊を根こそぎ逮捕して動きを封じ込める戦略を取った。

福岡県警の捜査陣には苦い記憶があった。１９９２年、工藤連合草野一家（現・工藤会）の総裁が暴力行為で逮捕され服役を終えたその日から、県内各地で拳銃の発砲が相次いだ。「県下一円、北九州市も拳銃撃ちまくりだった。県警本部の裏のファミリーレストランも撃たれた」と一瀬。頂上作戦に対しても、工藤会が報復に出て市民に牙をむく恐れがあった。どうすれば県民、市民を工藤会の報復から守れるか……。

第1弾は15年も前の容疑で、しかも田上会長が不起訴となった事件だ。そのような事件で野村総裁、田上会長のトップ2の身柄を取れば、工藤会に多大な動揺を与えることができる。組織がぐらついているうちに間髪を容れず第2の矢を放ち、トップ3までの幹部と実行部隊を逮捕する。実行部隊は工藤会系2次団体「田中組」幹部ら約10人。田中組は戦闘集団とも呼ばれ、捜査陣はここを抑え込むことができれば、市民の安全を守れると考えていた。

頂上作戦の成否は、いかに隠密裏に漏れなく事前の準備をできるかにもかかっていた。大規模な捜査本部を事前に設けると情報が漏れる可能性があり、県警本部が大規模災害で被災した際に、小倉北署の北九州市警察部を代替施設として使うための作業と称して資機材を持ち込んだ。

最も大切なのは手厚い保護対策だった。これまで被害に遭った市民、事件関係者、被害者の家族らを工藤会の報復から守るための人員だけで900人は必要だった。第1弾着手後の田中組のヒットマンらの行動確認、発砲など突発事件への対応、無線機やレンタカーの配備……。準備を尽くして迎えた9・11。捜査本部の態勢は県警の定員の3割を超える3800人に膨れあがっていた。

小倉北署8階大会議室。午前10時。野村総裁の逮捕後、樋口が報道陣を前に切り出した。「工藤会のトップを殺人容疑で逮捕しました。これを機に工藤会への徹底した取り締まりを行います」。樋口の会見は約10分に及んだ。

「これまで警察職員は誇りと使命感を持ち、昼夜を分かたず、休日を返上し、寝食も忘れて捜査、保護警戒活動に従事しました。今回はその努力の成果でありますが、源泉は警察活動への県民、市民のご理解と支援、励ましです。テロ行為というべき卑劣な事件は社会全体への挑戦であります。凶悪事件の犯人検挙、全容解明こそが警察の重要課題。工藤会壊滅に向け警察が前面に立ち、不退転の決意で臨みます」。2日後には田上会長も逮捕した。

個別事件での本部長の記者会見は異例中の異例だ。樋口は言う。「暴力団の脅威を目の当たりにしている人に『恐れるな』とは言えない。匿名でも話をしてもらうためには、本気度を示さないといけない。現場も命がけでやっている。自ら会見したのは本部長の本気度を見せるためだった」

「四つの事件すべてについて無罪です」「起訴事実はまったく身に覚えがない」。最高幹部2人は２０１９年10月、福岡地裁の初公判で、事件への関与を否認したが、同地裁は21年8月、野村総裁に求刑通り死刑判決を言い渡し、田上会長を無期懲役とした。2人は判決を不服として控訴した。

福岡高裁での控訴審は2023年9月から始まった。同高裁は24年3月、野村総裁について死刑とした一審判決を破棄し無期懲役を言い渡した。田上会長については無期懲役を支持。弁護人は判決を不服として即日上告した。第1弾着手から約10年。福岡県警の工藤会対策はいまも続いている。

検察も共闘、精鋭投入

特定危険指定暴力団「工藤会」に対する頂上作戦では、検察も暴力団犯罪の共謀共同正犯の立証に精通する検事らを現場に投入した。その中心となった1人が福岡地検小倉支部長だった天野和生だ。当時の福岡県警暴力団対策部長や同副部長の一瀬らを「生涯の友」と呼ぶ。

公安部長だった高松高検から小倉支部に赴任したのは頂上作戦着手前年の2013年4月。天野は大阪地検などで暴力団事件の担当が豊富で、「ヤクザの共謀共同正犯理論では第一人者という自信が、実はあった」と笑う。小倉支部への異動の内示では、「あなたには血を流すポジションを用意している」と言い渡されたという。天野の着任する直前には、現場の戦力となる優秀な検事2人が小倉支部に異動していた。天野はまずうち1人の検事を一般事件から完全に外し、工藤会専属として全事件を一元的に管理させ、警察への指示も一本化して任せることから始めた。

一瀬ら警察の捜査陣と練ったのは、①対象の未解決事件を絞って捜査力を集中投入する、②小さな事件でも身柄を取り組織を弱体化させる——という2本柱だった。対象事件は13件に絞られ、県警は13事件を別々の人員が担当していたが、天野は「組織がやったことだから13件やない、全体を1件の事件として見ることが重要」として、専属検事1人にすべての証拠を見るように指示した。

また警察署の「帳場」に頻繁に顔を出し、とにかく事件をどんどん起訴した。あるとき、一瀬が検挙一覧表を持って天野のもとに現れた。逮捕したもののうち不起訴は1件だけで、残りはすべて起訴されていた。

9月からは天野の提案で毎月、小倉支部で検察と警察の合同捜査会議が実施された。捜査は好転し始めていた。「検察も本気だと分かってくれた」と天野。県警の当時の暴対部長も「信頼関係ができたのは大きい」と振り返る。10月に入ると、工藤会系2次団体「田中組」の若頭を詐欺容疑で逮捕。田中組の若頭は、工藤会としては実質ナンバー4に当たる。

ところが、11月半ば、福岡県中間市の建設会社社長銃撃事件で、福岡地裁小倉支部が工藤会系組幹部2人に無罪判決を言い渡す。その直後だった。北九州市小倉北区の建設会社社長が襲われる殺人未遂事件が発生。天野は「4月に着任してから工藤会の動きはぴたっと止まっていたが、ついにきたと思った」

　そして12月20日。同市若松区の路上で、男性が銃撃され死亡しているのが見つかった。男性は1998年に殺害された元漁協組合長の弟だった。それを知った天野は、裁判関係の書類が収められている倉庫から元漁協組合長殺害事件の記録を持ち出した。天野は元漁協組合長殺害について「工藤会が凶暴さをエスカレートさせるきっかけとなった事件」とみる。

　事件は同年2月18日夜、北九州市小倉北区の高級クラブ前で発生。元漁協組合長で砂利販売会社会長の男性が車から降りてクラブに入ろうとしたところを、待ち構えていた2人組の男に銃で撃たれ、死亡した。現場からすぐそばの商業ビル前の路上には、ビル内のFMラジオ局に生出演したロックバンドを見ようと大勢の中高生が集まっており、衆人環視の中での凶行となった。2人組は男性が倒れた後も頭部に発射、胸と頭に2発ずつ命中させて逃走した。県警は2002年6月、殺人容疑などで、当時は工藤会系2次団体「田中組」の若頭だった田上不美夫・工藤会会長ら4人を逮捕。田上会長は不起訴処分となり、3人が起訴された。公判では1人が無罪となり、2人は08年に無期懲役と懲役20年が確定した。

　元漁協組合長殺害事件で有罪となったのは実行犯2人のうちの1人と現場の見届け役。実行犯とされたもう1人は無罪となり、指示役とみられて逮捕された田上会長は起訴すらされていない。この事件を契機に工藤会は、指示した上層部に捜査の手が及ぶことはないとみて、摘発された実行犯を組織として手厚く処遇するというシステムが徐々に確立したとされる。

　この元漁協組合長殺害事件の裁判記録に初めて目を通したときの驚きについて、天野は「衝撃的で、正直、震えた」と語る。15年前の事件の裁判資料の中に、現在であれば共謀共同正犯の認定につながる供述がいくつも残されていた。公判廷の証言に加え、捜査段階の調書からもそれが見て取れた。

　天野は「『天網恢々疎《てんもうかいかいそ》にして漏《も》らさず』とはこういうことやと思った。自分たちがああいう組織になるきっかけになった事件の被害者の弟さんを15年後に殺したことによって、日の目を見なかったはずの記録が出てきた。工藤会の終わりの始まりになった」と話す。

　組織トップの野村悟総裁ら幹部を立件する事件を数件に絞り込んだ2014年3月、天野は長崎地検検事正への4月就任が決まる。異動の内示を聞きつけた一瀬ら県警の幹部が小倉支部に現れ、天野にユニークな提案を打診している。「まだ内定の段階ですよね。サッチョウ（警察庁）から頼んだら、（異動）取り消しになりませんか？」

　工藤会捜査に携わっている県警幹部や捜査班長らによる天野の送別会には、県警本部長の樋口も駆けつけ、「捜査員一同からの感謝状」が贈呈された。「組織犯罪との闘いはあらゆる手段を講じるべきだ。普通の犯罪は偶発的に発生するが、組織犯罪は組織という確固としたものがあって継続的にやってくる。対決するためにはこちらも戦略、戦術、謀略が必要になる」。天野は置き土産として小倉支部に検事3人、副検事1人の工藤会専従班を設けて異動した。

県警は同年9月11日、頂上作戦に着手した。市民を襲撃した4件の殺人や組織的殺人未遂で野村総裁らの立件を繰り返し、1年間で工藤会系組員100人以上を逮捕。全国からの派遣機動隊員は最大時500人以上に膨らんだ。

波状攻撃は続く。資金源に目を付け上納金約3億2000万円を脱税したとする所得税法違反容疑でも立件した。県公安委員会も改正暴対法に基づき、工藤会の「象徴」である本部事務所の使用制限命令を出した。現在は解体され所有権も移転している。

暴力団排除に取り組む東京弁護士会の弁護士、大野徹也も「工藤会への一連の捜査において上納金の収受を所得税法違反で摘発したのは大きな意味があった。上納金の収受を所得税法違反で摘発できれば、トップ自身に納税義務が生じ、刑事責任が直接問えるようになる」と語った。

2008年のピーク時に1350人だった構成員・準構成員は19年には580人と半減、22年末現在は410人となっている。天野は言う。「要は人。市民を守るため寝食を忘れる人たちが集結した。一つになった検察と警察は強い」

条例と法改正が側面支援

元警察庁長官の金高は、工藤会への頂上作戦を「全国の暴力団対策として意味がある」と強調する。発生から16年が経過した殺人事件で組織トップを逮捕したことは、他の暴力団への抑止効果があるとしている。この作戦を側面支援したのが暴力団排除条例と改正暴力団対策法だった。

事業者による暴力団への利益供与を罰則付きで禁止する全国初の暴排条例が福岡県で成立したのは2009年10月。同県は前年まで5年連続で拳銃発砲事件の発生が全国最多となるなど厳しい治安情勢に陥っていた。

県警は、捜査2課長だった警察庁キャリアの黒川浩一を異例の横滑りで組織犯罪対策課長にして、暴排条例の制定に動いた。暴力団の威力を利用する目的での利益供与を禁じた〝武器〟ができ、同様の条例制定はその後、全国に波及した。

黒川は10年2月、警察庁に戻ると暴対法改正チームのメンバーとして法案の骨格づくりに参加した。指定暴力団のうち特に危険な組織を「特定」指定暴力団に指定して厳しい規制をかける改正法が12年7月に成立し、工藤会は同年12月に指定された。

黒川は「条例ができ、社会が本気で暴排に取り組む機運が盛り上がった」と話す。県警の元暴対部長も改正法の効果について「本部事務所の使用制限命令ができたのが一番大きかった」と語った。

第6章

特殊詐欺との闘い

「おれおれ詐欺」の登場

子や孫に成り済まし、トラブル解決などの名目でカネを詐取する「おれおれ詐欺」の被害が全国的に表面化してから約20年。犯行組織は「融資保証金」をうたうなど詐欺の手法を巧妙化させ、この間の特殊詐欺被害総額は6000億円を突破した。高齢者らの不安や人々の弱みにつけ込む悪質な犯罪は、平成から令和にかけいまなお増殖している。その封じ込めは警察の重要な使命だ。国民の生活を守ろうと摘発に総力を挙げる警察の苦闘を追った。

「これ、おかしいですよ」。2003年9月下旬、中央合同庁舎2号館の警察庁捜査2課。課長補佐だった遠藤雅人は、各地で起きていた新たな詐欺事件について大分県警から出向中の係長だった幸野《こうの》俊行から耳打ちされた。

子や孫を装って高齢者に電話し、金銭をだまし取る——。一部の報道機関は「おれおれ詐欺」と呼んでいた。現場の各警察本部から上がってくる似たような手口の報告を見ていた幸野は、全国でどの程度の被害があるのか実態調査すべきだと訴えた。遠藤も「これは早めに被害を押さえないといけない」と応じる。警察庁の捜査2課長から全国の警察本部に、年初からの被害を報告するよう指示が飛んだ。

集計された被害額は10億円。想定を超える全国の被害に、捜査2課長も「これは大変だ。徹底捜査をするよう全国に通達を出してくれ」と命じた。この年の被害額は残る3ヵ月分を合わせると計43億円に上った。すさまじい勢いで被害額が上昇していた。捜査2課に遠藤と幸野の2人を専属とする〃対策チーム〃が急遽、設置された。これが平成から令和にかけて20年以上に及ぶことになる特殊詐欺との長く、厳しい闘いの出発点だった。

遠藤らは全国の警察本部が被害届を受理した事件について、犯行に使われた口座と携帯電話の情報、被害額やだましの文言の分析を進めた。従来は携帯電話や口座の名義人イコール容疑者との推測が成り立ったが、この新手の犯罪は違っていた。「捜査が非常に難しいのはすぐに分かった」と遠藤。

他人名義の口座と電話を駆使して地方の高齢者をだまし、首都圏のATMで現金を下ろす。被害者と顔を合わせない非対面犯。浮かび上がったのは、広域性と匿名性を帯びる新たな「姿なき詐欺」(元警察庁幹部)だ。

遠藤らは部内で当初、この新たな詐欺を「身近な知能犯」あるいは「広域知能犯」と呼んでいた。「身近な――」は、おじいちゃんやおばあちゃんという身近な存在が被害者になっていることからそう称していた。また、従来の広域犯罪は犯人が広範囲に動くことを意味していたが、この詐欺は逆に被害者が全国の広い範囲に及んでいたことから広域知能犯と呼んでいたという。

詐欺グループは首都圏を拠点にして暗躍。被害は全国の地方に広がり、複数の事件で同じ携帯電話や口座が使われていた。2003年の検挙率はわずか2・8%で、犯人側が捕まることはほとんどなかった。そのためか、04年は被害額が284億円と爆発的に増え、一気に社会問題化した。「高齢者の資産が闇社会のターゲットになった。その構図はいまも同じだ」。元警察庁長官の金髙は言う。

遠藤らも「これは高齢者らをだます本当に悪質な犯罪。放っておいてはいけない」と強く意識していたが、一方で「捜査は簡単にはいかないだろう」と危惧していたという。

銀行口座対策から始まる

おれおれ詐欺は現在、「架空請求」「融資保証金」「還付金」を加え四つに分類する振り込め詐欺のほか、「金融商品等取引名目」やキャッシュカードを窃取する「キャッシュカード詐欺盗」など10類型ある特殊詐欺の発端とされ、2002年ごろ本格的に登場した。当時は法外な高金利での貸し付けや厳しい取り立てのヤミ金融が社会問題化していた。これに対し与野党共に規制に乗りだし、03年7月、ヤミ金融対策法（貸金業規制法及び出資法の一部改正法）が成立、罰則が強化された。警察も取り締まりがしやすくなり、ヤミ金融業者は徐々に姿を消した。それに代わるように現れたのがおれおれ詐欺だ。

ヤミ金の最終段階とされる携帯電話を使った無店舗型の「090金融」のグループが、連帯保証人の名簿や債務者の口座を悪用する新たな手法としておれおれ詐欺を考えた、との説が有力だ。摘発した口座に、ヤミ金の返済金とおれおれ詐欺の被害金の両方が入金されていたケースも確認されている。

警察庁の元特殊詐欺対策室長は「無許可で無店舗の街金の貸し付けは、客に口座をつくらせ、そこでカネのやり取りをするのがスタイルだったが、ヤミ金対策法でそれができなくなった。後に残ったのが口座と本人、連帯保証人の名簿。連帯保証人は親が多い。街金、サラ金に関わった連中が名簿と口座を使い、カネを借りた人物に成り済まして連帯保証人だった親に『俺だけど、カネを振り込んでくれ』と電話したのが始まりとされている」と解説する。

当時、口座は容疑者が逮捕されるまで使われ続けていた。1週間に1度ぐらいしか引き出されないケースも多く、口座には被害金が入ったままになっていることもあった。おれおれ詐欺対策の専属となった遠藤と幸野は「被害金が入っているうちに口座を凍結すれば、全額取り戻せるじゃないか」と考え、口座対策を最優先に動いた。

遠藤らは2003年10月ごろから、全国銀行協会（全銀協）や都市銀行を訪れ、犯罪に使われた疑いのある口座の凍結を要請した。だが全銀協も各行も当初、凍結には後ろ向きだった。それでも遠藤らは根気強く要請を続けた。

「1人の人物が同一行の支店で次々と口座を開設し、犯罪ツールとなっている」「5歳の子どもの口座がおれおれ詐欺に使われている。どういう口座管理になっているのか」。要請に応じようとしない銀行側にプレッシャーをかけ、説得に当たった。遠藤らはこうも伝えたという。「口座を止められて文句を言ってきたやつは被疑者だ」。やがて都市銀行が凍結に応じ、地方銀行、信用金庫などへと全国に広がった。これが警察庁のおれおれ詐欺対策の第1弾だった。

休む間もなく遠藤らが取り組んだのが容疑者の「検挙」だった。前述したように2003年のおれおれ詐欺の検挙率はわずか2・8％。被害を減らすには詐欺グループの摘発は絶対条件だ。幸野らは、詐欺グループが被害金を振り込ませていた口座に目を付ける。詐欺のツールとして使われていた口座には、第三者に転売する目的を隠して、自分名義で開設したとみられるものがあった。

「銀行をあざむいて口座を開設させ、通帳をだまし取ったとして詐欺罪が成立するのではないか。そうなればその通帳は犯罪行為で入手した贓物《ぞうぶつ》となり、以後、買うことも売ることも罪になる。その通帳の流通経路を贓物罪でつないでいけば、詐欺グループの中枢に到達する」。そう考えた幸野らは、関東の複数の県警に捜査してみてはどうかと打診するが、いずれの県警も「前例がない」「通帳に財産的価値があるかどうか分からない」「起訴される見込みがない」などと二の足を踏んでいた。ところが、幸野の出向元の大分県警が「口座開設を詐欺で立件したい」と警察庁捜査2課に申し出てくる。当時、大分県警捜査2課長だった原口二郎は警察庁でもその名を知られた辣腕の捜査指揮官だ。

その直前、関東のある県警本部から大分県警に通報が入っていた。「大分の地銀で開設された口座がおれおれ詐欺の振込先に使われている」。当時はおれおれ詐欺の被害が各地で噴出。大分県でも数件の被害が確認されていた。インターネット上には「口座買います」の書き込みがあふれ、他人名義の匿名口座が捜査の大きな障害となっていた。

「この犯罪は元を絶たないと収まらない。何とかせんといかん」。そう考えていた原口は県警本部の大部屋で自身の銀行通帳とキャッシュカードを取り出して眺めていた。振込先に使われていると通報があったのと同じ銀行のものだからだ。「他人に譲渡、貸与することはできません」。原口の目はカードの裏に記されていた文言に釘付けとなった。「これだ。これは詐欺でいける」。そう判断した原口は、捜査2課の特捜1個班を投入する。

当該の地銀から詐欺の被害届を提出してもらう際、原口は捜査員に「いろいろ説得したり、説明したりすると、逆に被害届を出さないようになる」と助言していた。それに従った捜査員は「他人に転売することが分かっていたら通帳とキャッシュカード出しましたか？」とだけ尋ね、銀行側から「出しません」との言質を取る。原口は「よし、それで十分。転売することを隠してキャッシュカードを作ったんだから立派な詐欺だ」として捜査を一気に進めるよう命じた。

原口が率いた大分県警捜査2課は2003年11月下旬、販売目的で銀行口座を開いたとする詐欺容疑で4人を逮捕し、匿名口座の切り崩しに光明を見いだす。「口座詐欺」を摘発する捜査手法は後に警察庁を通じて全国に波及した。当時、全国の警察が手を焼いていた「おれおれ詐欺」の犯行ツール封じ込めに重要な役割を果たすことになる。

捜査に携わった大分県警幹部は「この立件で犯罪になると分かり、全国警察が一気に特殊詐欺の助長犯摘発になだれ込んだ」と語る。翌2004年2月には、警視庁と富山、福井、兵庫各県警の共同捜査本部が、おれおれ詐欺やヤミ金融の振込先に使われる銀行口座を組織的に開設、密売する目的で銀行から預金通帳をだまし取ったとして、詐欺の疑いで銀行口座の密売グループを摘発した。このグループは2年間で数十人に1400を超える口座を作らせて暴力団関係者らに密売し、2000万円以上を稼いでいたとされた。当時、警視庁の捜査2課長としてこの捜査を指揮したのは、後に警察庁長官となる中村格だった。

この共同捜査本部による密売グループの摘発について遠藤は「これは相当な影響があった。口座販売はおれおれ詐欺を助長する犯罪。これをつぶせば詐欺グループに手段を与えないことになる」と語る。幸野も「当時は革新的な捜査手法だった。警視庁がやってくれたから全国にばーっと広まっていった」と振り返る。

一方で、販売目的を隠して新たに口座を開設すれば詐欺罪で摘発できたが、すでに所持している口座と通帳についてはそれを売っても詐欺罪は適用できなかった。この盲点の解消に取り組んだのが、当時、警察庁刑事企画課長で後に警視総監となる樋口建史らだ。議員立法による法規制で、「二大犯行ツール」となっていた他人名義口座と匿名のプリペイド携帯電話の対策を強化した。

市民にとって利便性がある機材やシステムは、犯罪グループにも利便性が高いツールとなる。当時、対抗策がないままあらゆる犯罪に携帯電話や口座が悪用されるようになり、捜査の足かせになっていた。

金融機関本人確認法を改正して口座の売買行為を重罰化し、携帯電話不正利用防止法で事業者に対して契約者の本人確認を義務づけた。菅義偉前首相を中心としたおれおれ詐欺対策の与党プロジェクトチームで立法案を詰め、議員立法でそれぞれ改正法、新法として成立した。口座売買の禁止や携帯電話の契約者の本人確認義務が規定され、匿名性への強力な対抗手段となった。

写真付きの公的な身分証明書に基づく本人確認によって、携帯電話を入手するハードルが高くなった。犯罪者が対策を講じることは可能だが、手間とコストがかかるので当然、犯罪の抑止になる。

樋口は「利便性の高いツールが社会に行き渡れば、それ自体が捜査のネックとなる。さまざまな犯罪で捜査環境を整備する必要があった。二つの法律が、振り込め詐欺に対する『捜査の武器』として格段の効力を発揮したことは確かで、抑止効果もあっただろう」と語った。

増殖する詐欺グループ

口座対策が進み「おれおれ詐欺」は2004年当初、一時的に被害が減少したものの、「架空請求」「融資保証金」という新たな口実を使う詐欺が出現し、前述のように年間では284億円もの被害に上った。当時、警察庁長官だった漆間巌《うるまいわお》は防犯意識を高めるため、この三つの詐欺を総称するネーミングの考案を遠藤らに指示。架空請求詐欺の犯人が電話口で「もういいから振り込め」と被害者に強要することが多かったことから、同年12月、この三つの詐欺を合わせた名称が「振り込め詐欺」に決まった。

同じ12月、遠藤と幸野の２人だった対策チームも人員が拡充され、現在の「特殊詐欺対策室」の前身となる「身近な知能犯緊急対策チーム」が設置され、司令塔として全国の警察を指導、調整する体制が整備された。ただチームの名称はすぐに「広域知能犯対策チーム」へと変更された。当時の警察庁刑事局長が「（振り込め詐欺を）身近な犯罪にしてはダメだ」と主張したことから、「身近な」が「広域」に差し替えられた。

２００５年１月には、犯行の広域性に対応する一手が打たれる。「首都圏派遣捜査専従班」の発足だ。首都圏以外の全国の警察から派遣された捜査員で構成。都内に拠点を置き、被害金の振込先が集中する首都圏での初動捜査を任務とした。

同専従班は発足時、首都圏以外の43道府県警から１人ずつ派遣され43人体制で警視庁に置かれていた。

地方の警察本部は事件のたびに捜査員が首都圏に出張しなければならず、ＡＴＭに設置された防犯カメラの映像がすでに上書きされ、現金を引き出す「出し子」の写真が入手できないこともあった。警察庁幹部は「専従班創設で写真入手が格段に向上した」と言う。捜査２課の対策室では壁一面に出し子の写真が貼られ、事件ごとの相関関係が分かるようになり、警察本部間の共同捜査が飛躍的に進んだ。

同専従班の発足は、当時の警視庁捜査２課長だった中村格が警察庁上層部に進言したことがきっかけだ。中村は「当時、一つひとつの案件は本部ではなく署で扱う詐欺事件だった。ところが実はものすごい組織性があって、詐欺グループはどんどん増殖していた。これは全国警察として対応しないと太刀打ちできないという思いがあった」と振り返る。

2005年から08年に251億～276億円で推移した被害額は、09年に3分の1の96億円に減少する。だが14年には過去最大の566億円となり、その後減少傾向が続き21年に約282億円まで減ったが、22年には8年ぶりに増加し370億8000万円に。23年も増加し認知件数はここ10年で最多となり、被害額は441億円に上った。根絶にはほど遠い状況だ。

「ローリスク・ハイリターン」。警察関係者は、この犯罪の最大の特性を一様にこう指摘する。遠藤らとともに対策を進めた元捜査2課長は「想定したグループ数ならつぶせると思ったが、そのくらいの数ではなかった」と悔しがる。

中村は2年間務めた警視庁捜査2課長を2005年に離任する際、担当記者を前にこう語った。

「警視庁の捜査2課というのは東京地検の特捜部と競い合うという矜持は持たないといけないが、それがすべてと思い込んではいけない。おれおれ詐欺の被害に遭うのは何の非もない高齢者。子どもや孫が交通事故を起こしたとか、大金をなくしたなどと言ってだまし、高齢者の家族への思いにつけ込むあまりにも卑劣な犯罪で絶対に許せない。そういう被害者のためにも警察はある」

凶悪化し手口変貌、特殊班投入も

「特殊詐欺」事案の犯行の手口は次々に変容し、「アポ電強盗」と呼ばれる事件を起こすなど凶悪化したほか、拠点を海外に設けグローバル化する特殊詐欺グループも現れた。これに対し警察は、被害者から現金を受け取る「受け子」の摘発、詐欺電話をかける「かけ子」の拠点急襲、凶悪事件を扱う捜査１課の投入などで対応。トップ摘発による組織壊滅と被害根絶へ、威信をかけた捜査が続く。

２０１９年12月6日、関東と近隣の11都県警の捜査１課の警部らが急遽、東京・霞が関の警察合同庁舎に集められた。関東では10月ごろから特殊詐欺から派生したとみられる「アポ電強盗」グループによる犯行が各地で相次いでおり、摘発に向け各警察本部が連携して対策を練るのが狙いだった。

「こんな危険な犯罪を野放しにはできない。全国にアポ電強盗が広がったら大変なことになる。この段階で抑え込もう。ここは捜査１課の力を見せてやれ」。会議で口火を切ったのは警察庁の捜査1課長だった。各都県を横断した捜査1課のプロジェクトチーム「ＡＰＧＧ（アポ電強盗グループ）壊滅ＰＴ」が結成された。

アポ電は特殊詐欺グループが電話で資産状況を尋ねる手段だ。電話した後に強盗に入る事件が17年に1件、18年に2件確認された。11件と急増した19年は1月11日に東京都渋谷区初台の住宅で、高齢夫婦が覆面をした3人組に縛られ、現金約２０００万円などが奪われる事件が発生。2月1日には同区笹塚の住宅で、3人組が高齢夫婦を縛って現金約４００万円を強奪。同月28日には江東区東陽のマンション3階の一室で、80歳の女性が手足を縛られて死亡しているのが見つかった。首の圧迫や口をふさがれたことで窒息死した可能性があった。防犯カメラに不審な3人組が写り、室内が物色されていたため、警視庁捜査1課は強盗殺人事件と断定。女性宅にはアポ電がかかっていた。

捜査1課は3月から9月にかけ、この三つのアポ電強盗でそれぞれ男3〜4人を逮捕するが、10月ごろからは群馬や茨城など関東各地でアポ電強盗の発生が目立つようになる。

手口はこうだ。犯行の指示役がツイッター（現在のX）などの交流サイト（ＳＮＳ）の「闇バイト」で実行犯を募集。応じるのは20代を中心にした10~30代の若者で、メッセージが後で消える通信アプリ「テレグラム」を使うよう誘導される。以降はテレグラム上でやり取りが続くが、指示役は「パンダ」「キツネ」などのハンドルネームを使って実行犯を雇っていた。

強盗を目的としたアポ電も特殊詐欺の場合と同じで、息子を装ってトラブルに遭ったなどとして「カネがいる」と持ちかける。家に現金などがあることさえ確認できれば、後日、実行犯を強盗に入らせるので、犯行グループにとってはアポ電の際に息子ではないと見破られても構わないという。実際にアポ電の１週間後や１ヵ月後に強盗の被害に遭ったケースがいくつもあった。インターホンを鳴らして深夜に押し入ることもあり、アポ電がかかってきた家でも長期間にわたり24時間態勢で警戒するのは警察も難しく、防犯対策が取りづらい犯罪だ。

狙う被害者宅が決まったら、指示役が雇った中からテレグラムで実行犯を集める。容疑者のスマートフォンの解析では「○○の家には○千万円ある」「2〜3日の休みがあればすぐできる」「今日できる人はいますか?」などの指示役のメールが残っていた。

また、犯行後とみられるやり取りもスマホの解析で確認できた。「山梨の後は茨城に飛んでくれ」「仕事があるので今夜中には帰らないといけないんですが」「お疲れさまでした」などの受け答えからは、アルバイト感覚で犯行に加わっていた様子が浮かび上がる。

１回の強盗で実行犯は３人ぐらいだ。うち１人はそれまでに強盗の経験がある人物をリーダーとして手配していた。テレグラムで指示された被害者宅に押し入った後は、指示役がスマートフォンのイヤホンを通して「縛れ」「聞き出せ」「殺すなよ」などと犯行を命じる。現金やキャッシュカードを奪い、暗証番号を言わせるため暴行を加え、被害者の爪をはがしたケースもあった。

ＡＰＧＧ壊滅ＰＴが結成された捜査会議。集められた11都県警捜査1課の強盗担当警部らは当初、各都県警がそれぞれ独自に入手していた捜査情報をどこまで明らかにするのか疑心暗鬼だったという。そういう雰囲気の中、警察庁の捜査1課長が鼓舞した。「どこの手柄とかケチくさい競争はやめよう」

これに応えたのが警視庁だった。警視庁の担当者らは犯行グループについて把握している「ネタ」を率先して詳細に明かし、情報共有を徹底する姿勢を見せた。容疑者に関する中身の濃い、他県が知らない内容だった。警視庁が細かい情報まで包み隠さずオープンにしたことで、他県警の警部らも「警視庁がそこまで出してくれるなら」とそれぞれ自分たちの捜査状況を公表した。

会議が終了しても参加者らはすぐに部屋を出ることはなく、その場で各県警の担当者同士が「押収したスマホに『山梨で強盗やるぞ』とメールがあった」「そのハンドルネームはうちではこいつと特定している」などと情報交換する集まりがいくつもできたという。会議をきっかけに以降、各県の担当者が情報交換のため電話でやり取りする際も「ＡＰＧＧの関係ですが」と言うだけで話が通じるため、一体感が醸成された。断片情報であっても各県が持ち寄り、警視庁がそれを集約して共有することでパズルのピースが埋まっていったという。

押収したスマホの解析でグループが「年末年始にフル稼働する」との情報があり、警察庁は12月25日に再び捜査会議を開催。11都県警に加え、宮城と愛知の両県警も参加した。改めて情報集約すると、アポ電強盗グループは一つのきっちりした組織ではなく、複数の指示役が強い横のつながりを持ち、実行犯の組み合わせをその都度変えながら各地で犯行に及んでいた。特殊詐欺グループの派生とみられた。警察庁の捜査1課長が「とにかく身柄を取ろう」とハッパを掛けた。同課長は翌20年1月には、7県警の刑事部長を招集し、アポ電強盗に対して危機感を持ち、徹底した捜査態勢をとるよう指示した。そして、APGG壊滅PTに参加した各都県警は同年夏ごろにかけ、50の事件で複数の指示役を含め延べ194人もの摘発を実現する。ターゲットとしたアポ電強盗グループは、壊滅した。

「だまされたふり」作戦から「拠点急襲」へ

2002年ごろ「おれおれ詐欺」として本格出現した特殊詐欺。警察庁はその後、「架空請求」「融資保証金」に「還付金」を加えた4類型を「振り込め詐欺」と名付け、口座凍結や犯罪ツールへの法規制、捜査体制の強化で封じ込めに乗り出す。2005～2008年は毎年250億円超で推移した被害額は、09年に約96億円に減少した。警察庁はこの間の07年4月から、知能犯情報管理システムの構築を開始する。全国の警察が取り扱った特殊詐欺の容疑者の手口、顔写真、事件の特徴などを登録し、都道府県警が広く情報を共有するのが狙いだ。

ＡＴＭ対策によって被害金の入手法が「振り込み型」から「現金受け取り型」に移ったことを受け、神奈川県警は２００９年１月、当時の捜査２課長の「現金を受け取りにくるならおびき出して捕まえればいい」との発案で、「だまされたふり」作戦を開始する。作戦名を考え出したのも当時の捜査２課長だ。

詐欺電話を信じたように装って相手をおびき出す「だまされたふり」作戦は当初、警察職員ＯＢや警察職員の家族、防犯ボランティア団体など関係者に限定して協力を求め、始まった。第１号となったのは１月22日の摘発。元警察官宅に息子を名乗って「実は借金がある」と電話してきた30代の男を指定した現金受渡場所で捜査員が取り押さえた。

同県警捜査２課の元幹部は「それまでの特殊詐欺捜査はアジトを見つけたり、闇通帳や闇携帯からたどったりするのが主流だったが、だまされたふり作戦後は出し子や受け子を捕まえる手法が多くなった」と語る。神奈川県警のだまされたふり作戦はその後、全国警察に広がることになる。

警察庁の元特殊詐欺対策室長も「この頃から受け子の逮捕が増えた」と説明する。当初から特殊詐欺を所管していた全国の捜査２課は、末端の受け子を逮捕し、そこから組織トップの首魁を目指す地道な「突き上げ捜査」を踏襲していた。

突き上げ捜査は最初に被害者から現金を受け取る受け子を捕まえるのが原理原則だ。特殊詐欺グループは電話帳を使うケースでは、特定の地域に集中的にだましの電話をかけるため、被害者がだまされたらすぐに現金などを受け取れるように、あらかじめその地域に受け子を配置している。突き上げ捜査では、その配置された受け子が最初のターゲットになる。

特定の地域にだましの電話が殺到し、電話を受けた住民の中には不審に感じて110番通報することがある。複数の通報があれば、特殊詐欺グループがその地域を狙っている可能性が高く、警察本部の通信指令はその地域を管轄する警察署や機動捜査隊、自動車警ら隊に連絡。現場に警察官を大量動員し、ぶかぶかのスーツを着たり、スーツ姿で運動靴だったりするなど容姿が不自然な人物がいたら職務質問して所持品検査し、他人名義のキャッシュカードや多額の現金などを持っていないか調べて摘発の端緒にするという。

2009年には被害も大幅に減少した特殊詐欺だが、10年から手口が8類型に増え、被害も再び増加する。同庁は11年、初めて全体に対し特殊詐欺という名称を使用。14年には被害がピークの566億円を記録した。受け子を逮捕しても互いの顔さえ知らないためトカゲのしっぽ切りとなり組織の頭は存続する。突き上げ捜査は難航した。

そこで警察庁が全国に指示したのが、詐欺電話をかけるかけ子のアジトを摘発して一網打尽にする「拠点急襲」の強化だった。

2013〜2015年に警視庁捜査2課長だった幹部は「少しでも早くアジトをつぶして電話をかけさせないのが狙いだった。放っておけば被害者はどんどん増えるので、検挙によって抑止するという意識があった」と言う。

アジトを見つけ出すために捜査員は不動産業者やアパート経営者などを訪ねて情報収集するが、「マンションで昼間ずっと窓を全部閉めて真っ暗なのに音楽がかかっている」「マンションの一室に変な連中が出入りしている」などと市民からの通報が端緒になることも多い。かけ子のアジトである可能性が高い場所が分かると、周辺の聞き込み捜査やアジトに出入りしている男らへの内偵捜査によって捜索差押許可状を請求するための材料を集めるという。幹部は「特定の詐欺事実の被疑者とまでは認定できなくても、関連先として疎明ができればガサ状は取れるので、そこを捜索し差し押さえする」と解説。捜査1課に依頼して誘拐や人質立てこもりを捜査する特殊班を拠点急襲に投入した。

特殊班が初めて急襲したアジトはオフィスビルの2階。約10人の特殊班員がはしごを使って表と裏から閃光弾を投げ入れて突入したが、現場の室内はぐちゃぐちゃになり、誰がどこに座っていたかも分からなくなった。逃げようとして窓から飛び降り、足を複雑骨折したかけ子もいた。後にこの捜索で押収した資料で現場にいたかけ子らを逮捕できたが、事件を担当した検事からは「現場が分からなくなるからもう二度とやらないでくれ」と苦言を呈された。

だが特殊班が現場を壊したのはこのときだけで、回を重ねるたびに拠点急襲はスムーズになり、素早くかけ子らの動きを押さえるようになった。アジトに突入すると同時にかけ子らが逃げたり、証拠を処分したりしないよう動きを封じた上で、直近の電話履歴から被害者と詐欺の事実を確認し、その場にいたかけ子全員を容疑者として捕まえるという流れだ。幹部は「特殊班は要領が分かると、(かけ子らを)瞬時に押さえ込むようになった」と話す。2015年は全国で60拠点を摘発、うち警視庁が30拠点に上る。

2017年は全国で過去最多となる68拠点を摘発するが、以降は減少傾向となり、22年は20拠点まで減った。拠点摘発で一網打尽にされるのを避けるため、拠点を賃貸のマンションやオフィスからホテルや車などに移して少人数で頻繁に移動しながら犯行を繰り返したり、海外に拠点を設けたりしたことが背景にあるとみられる。

都道府県の枠を超えて特殊詐欺に対抗

「これ(特殊詐欺)より簡単にお金が稼げる手段はない。空き巣やひったくりと同じ財産犯の一形態として定着してしまった。初期はプロの振り込め詐欺グループがやっていたが、いまや『誰でもできる犯罪』」。警視庁捜査2課の元幹部は特殊詐欺を巡る現状を嘆く。発生はやまず、全国で毎日1億円以上もの国民の財産がだまし取られ、現場の刑事はもぐらたたきのように対応に追われている。

犯罪組織は秘匿性の高い通信アプリ「テレグラム」などで匿名を徹底し、底辺ではアメーバのように細分化したグループが離合集散を繰り返す。横のつながりでも実行犯は互いに身元を知らないため、共謀性も共犯性もない。大がかりなアジトはなくなり、3人ぐらいの小集団がビジネスホテルのツインルームを転々とする。不良集団の半グレや暴力団の関与は明らかだが、「警察に見えている世界がどこまで正しいのか……。突き上げ捜査で容易に上層部に行ける組織ではない」と元警視庁幹部。

日々の発生を効率よく処理するため、突き上げ捜査はマニュアル化した。受け子を捕まえるとまずはスマホの解析。次にどこから来てどこに立ち寄ったかを解明するため防犯カメラの「リレー捜査」を展開する。受け子も黙秘が当たり前となり、取り調べによる刑事の力量を生かしづらい。突き上げ捜査だけでは犯罪組織を解明し上層部にたどり着くのは難しく、首謀者が捕まらないのが被害高止まりの原因、と捜査幹部らは一様に指摘する。

ただ、特殊詐欺と関連性が強いアポ電強盗の認知件数は2021年、わずか1件。凶暴な手口は定着せずにほぼ消滅した。APGG壊滅PTの徹底捜査で、首謀者を含めて逮捕されるリスクが犯罪者側に刷り込まれた可能性があるとみられる。

ＰＴを主導した元捜査１課長は「各県が情報を持ち寄り、断片的な情報でもみんなオープンにして一体となって壁を乗り越えた」と振り返る。本件の強盗容疑が固まるのを待たず別の容疑があればすぐに逮捕するという「速さ重視の捜査手法」も取り入れ、危険な手口の広がりを抑え込んだとの認識を示す。

全国に根を張った特殊詐欺も、首魁の摘発が相次げば組織は必ず弱体化する――。警察庁は２０２１年４月、捜査２課にあった特殊詐欺対策室を暴力団対策課に移管した。地道な突き上げ捜査に暴力団捜査部門の情報収集、内偵を加えた両面展開を進めるためだ。23年7月には「警戒の空白を生じさせないための組織運営の指針」を策定。匿名性の高い交流サイト（ＳＮＳ）などでつながり、特殊詐欺や強盗を働くため「闇バイト」の募集などを行う犯罪グループを「匿名・流動型犯罪グループ（通称・匿流《とくりゅう》）」と規定、実態解明や摘発に力を入れる。

さらに２０２４年４月には、05年に設置した「首都圏派遣捜査専従班」の規模と捜査分担を大幅に拡充し、首都圏など都市部で特殊詐欺を集中的に捜査する専門部隊「特殊詐欺連合捜査班（ＴＡＩＴ）」が警視庁など7都府県警に計約５００人体制で発足した。ＴＡＩＴは全国で起きた特殊詐欺に対して捜査嘱託を受け、都道府県警の枠を超えて専門的に捜査する初の組織。戦後、捜査は事件が起きた地域の警察本部が一次的に権限を持つ「発生地主義」を原則とするが、運用方針を転換し、初動から容疑者の摘発まで捜査の中核を担う。

ＴＡＩＴは７都府県警以外にも全国の道府県警で組織が発足し、全国警察が連合して特殊詐欺の撲滅を目指すことになる。

首都圏派遣捜査専従班の任務はＡＴＭ防犯カメラの確認など初動捜査に限られ、本格的な捜査は地方の警察本部が担当するため、初動以降の捜査を進める上で首都圏への出張が足かせとなっていた。ＴＡＩＴは他県の警察から捜査嘱託を受けると、初動から容疑者の割り出し、拠点の内偵、行動確認など摘発までの捜査の中枢部分に関与し、犯行グループの壊滅を目指す。最大の意義は、最強の捜査力を持つ警視庁が全国の事件に主体的に関与できるようになることだ。

元警察庁長官の金高は言う。「上を根こそぎ捕らないと、この犯罪はなくならない」

四半世紀にも近い特殊詐欺との闘い。警察はかつてない捜査体制で、摘発を逃れてきた犯罪グループの解明に挑むことになる。組織上層部を闇から引き出せるか。いまもなお莫大な被害が生じている。特殊詐欺捜査は正念場を迎えている。

エピローグ――「匿流」と闘う

2023年の年明け早々の1月19日、東京都狛江市の民家で凶悪な強盗殺人事件が発生した。住人の90歳女性が両手首を結束バンドで縛られ、頭などを負傷して倒れているのが見つかり、死亡が確認された。司法解剖の結果、全身を殴られたり蹴られたりした痕があった。執拗に暴行を受けたとみられ、腕を開放骨折していた。室内が広範囲に物色されており、警視庁捜査1課は強盗殺人事件として調布署に捜査本部を設置した。

関東では年末年始ごろから茨城、栃木、埼玉、神奈川各県で、数人の男による強盗致傷や窃盗などの荒っぽい強行犯事件が相次いで発生していた。手口などから関連が疑われる「広域強盗事件」は2021年夏以降、窃盗などを含め14都府県で五十数件に上ることが後に警察庁の集計で判明する。

狛江市の事件も当初から関連があるとみられていた。発生から8ヵ月後の2023年9月12日、捜査本部は、「ルフィ」などと名乗り、拘束されていたフィリピンの首都マニラ郊外の入管施設「ビクタン収容所」からスマートフォンで日本の実行犯に犯行を指示したとして、強盗殺人容疑などで渡辺優樹《ゆうき》、今村磨人《きよと》、藤田聖也《としや》、小島智信の4被告（それぞれ同年12月までに3～8事件の強盗致死罪などで起訴）を再逮捕する。日本に姿を現すことなくフィリピンから凶悪事件を主導したとみられる渡辺被告ら。刑事たちは、いかにして国境を超えた犯罪組織の中枢に捜査のメスを入れたのか――。

狛江市の事件からさかのぼること約3年前の２０１９年11月、警視庁捜査2課はフィリピン入国管理局に協力要請してマニラで特殊詐欺の日本人のかけ子36人を一斉に拘束。36人は新型コロナウイルスの影響もあり20年2月から21年7月にかけて日本に強制送還された。捜査2課は、財務省職員などを装いキャッシュカードを盗み取った窃盗（詐欺盗）容疑で全員を逮捕する。この事件の捜査を指揮した元幹部はこう語っていた。

「目指すところは当然、ワタナベですから」

ワタナベとは、渡辺優樹被告のことだ。捜査2課は２０１９年当時からすでに、送還された36人を配下に置き、フィリピンを拠点とする特殊詐欺グループの首魁として渡辺被告の存在を把握しており、同年7月には特殊詐欺に絡む窃盗容疑で渡辺、今村、小島の3被告の逮捕状を取得している。

捜査2課が、渡辺被告の詐欺グループについて端緒をつかんだのは２０１８年秋ごろ。日本国内にいるグループの受け子、出し子を捕まえたのがきっかけだ。供述やスマホの捜査から一人ずつ関係者を割り出す地道な突き上げ捜査を展開。受け子や出し子はインターネット上の闇バイトで募集し、運転免許証などの身分証を送らせ組織から抜け出せなくするような仕組みになっていた。受け子のやり方を教える指示役にたどり着くとともに、身元が判明する応募者も徐々に増えた。フィリピンに渡航していた応募者が多数いたことから、現地にかけ子の拠点があることは早い段階からつかんでいた。

身元が判明していたかけ子数人が帰国したところを羽田で逮捕し、供述からフィリピンで特殊詐欺がグローバル化している実態が徐々に明らかになった。

捜査を通して浮かび上がったのは、首魁としての渡辺被告とその下に10人程度の「かけ子班」リーダーがいくつもぶら下がる組織図だ。各リーダーはそれぞれ十数人のかけ子を使っているとみられた。渡辺被告が詐欺電話をかける「かけ場（ハコ）」に姿を見せることはなく、定期的に開かれる幹部会にだけ現れていたという。

「フィリピンでハコを作るには、ワタナベに話を通さないとできない」。フィリピンのセブ島で特殊詐欺に関与した別のグループのメンバーは、捜査2課の調べにそう供述したとされる。このグループはタイのパタヤに拠点を移した後の2019年3月、タイ警察に不法就労容疑で摘発され、日本に移送されて捜査2課に詐欺容疑で逮捕された。

マニラで拘束された渡辺被告の配下の36人は、二つか三つのかけ子班のメンバーだ。これ以外にもまだ現地や日本に受け子や出し子、闇バイトの実行役を募集するリクルーターがいるため渡辺被告のグループは組織全体で１００人を優に超えるとみられた。

グループは4ヵ所ぐらいの拠点を1〜2週間単位で転々としていたという。２０１９年11月時点で捜査2課がつかんでいたアジトは2ヵ月前に把握した場所だった。そこを急襲してもすでに移動していてもぬけの殻だったら、情報が流れグループがアジトをすべて撤収してしまう恐れがある。確実に一斉拘束するには、直近のアジト情報が絶対条件となる。その情報をもたらしたのは宮城県警だった。同県警はそのころ、県内での特殊詐欺事件でフィリピンから帰国した容疑者を逮捕。この人物は渡辺被告のグループでかけ子をしており、最新のアジト情報を握っていた。

捜査2課は宮城県警を通して得られたこの人物の供述を基に最新の場所を特定できたことからフィリピン入国管理局に情報を提供。管理局がマニラ近郊の廃ホテルにあった拠点に踏み込み、36人を拘束した。この場所に渡辺被告らの姿はなく、捜査2課の元幹部が「彼ら（36人）は氷山の一角でしかない」と語るように、その後もフィリピンから日本への詐欺の電話は続いた。

そして、2021年夏以降、一連の広域強盗事件が日本各地で起き始める。東京でも22年10月20日、稲城市の住宅で現金約3500万円や金塊が奪われ住人がけがをする強盗致傷事件が発生、警視庁捜査1課は強盗犯捜査係を投入し捜査を開始した。ほどなくして、渡辺被告らのグループの特殊詐欺について捜査を継続していた捜査2課から重要な情報がもたらされることになる。

フィリピンの入管当局によると、渡辺被告らは日本への強制送還を逃れるため自らを加害者とする刑事事件を弁護士にでっち上げさせ、2021年からマニラのビクタン収容所に収容されていた。捜査2課は、渡辺、今村被告と同時期にこの施設に収容され22年末ごろ日本へ強制送還された男に捜査員を接触させ、協力者としてさまざまな情報を入手していた。

2023年1月に入ると、稲城市の事件で捜査1課の強盗犯捜査係は防犯カメラの「リレー捜査」などで実行犯を割り出し、同月中に10人ぐらいを逮捕する。このうち一部は別の強盗事件への関与が疑われたり、すでに起訴されたりしていた。容疑者らのスマートフォンの解析の結果、「ルフィ」「ミツハシ」「キム」「シュガー」を名乗る指示役が通信アプリ、テレグラムを通じ指示を出していたことが分かった。ルフィの電話の国番号は、フィリピンに割り当てられている「63」だった。

さらに10人のうち1人が「ルフィと話したことがある。ルフィは日本で逮捕状が出ているので帰れない。フィリピンの収容所にいる」と供述。強盗犯捜査係が、供述に登場するルフィに該当するような容疑者がいないか確認したところ、捜査2課から「今村磨人ではないか」という情報が入ったという。

捜査2課が今村被告や渡辺被告と同時期にビクタン収容所に入っていた男を協力者としていることを知った強盗犯捜査係は、2課を通して男から事情聴取。男は稲城市の事件の発生時、今村被告と同室で、そこに渡辺被告も入ってきて日本の実行犯に指示を出しているのをそばで全部聞いていたという。男は事件について表に出ていない事実を詳しく知っていることも判明。渡辺被告らが特殊詐欺だけではなく、強盗にも手口を広げて暗躍していることは明らかだった。

稲城市の事件から約3ヵ月後の1月19日、前述の狛江市の強盗殺人事件が発生する。90歳の高齢女性を撲殺するという残忍極まりない犯行態様。各地で発生した事件の中で唯一死者が出たこの事件を契機に、広域強盗事件は国民の体感治安を急激に悪化させる。犯行グループの実態解明と壊滅、何より首謀者の摘発は関係する都道府県警の刑事警察にとって最重要の課題となった。

警視庁は調布署に特別捜査本部を設置し、発生翌日の1月20日に最初の捜査会議が開かれる。捜査1課の現場レベルではその時点で、協力者の男から得ていた情報があり、狛江市の事件もビクタン収容所から渡辺被告らが指示を出した疑いを強く抱いていた。強盗犯捜査係は、殺人の被害者が出たことを受け「ここまで来たか」と強い危機感を抱いたという。

狛江市の事件発生の翌週、警視庁本部庁舎6階の刑事部長室に捜査1課、2課、3課の課長や管理官が顔をそろえた。捜査1課を中心にして刑事部の総力を挙げて「ルフィグループ」の摘発に当たることが決まった。刑事部長からは「合同でやる。2課も3課も協力して人を出してくれ」と指示が飛んだという。狙いは一連の広域強盗事件での渡辺被告ら4人の指示・命令系統の解明と逮捕。被害者が死亡した狛江市の事件を「本丸」と位置づけ、摘発の流れが練られた。

戦略はこうだ。外務省にも働きかけて渡辺被告ら4人を強制送還させた後は、特殊詐欺に絡む窃盗容疑で逮捕状を持つ捜査2課がまず逮捕する。当面は特殊詐欺の余罪で複数回、逮捕を繰り返し、その間に広域強盗事件の捜査を進める。この時点で渡辺被告らの強盗への関与を示す証拠は、捜査2課が運用していた協力者の男の証言だけだ。2課が特殊詐欺で身柄を持つ間、どれだけ客観証拠を集められるか、関係者からの供述を積み重ねられるかが、4人を広域強盗の指示役として立件するための鍵になるのは明らかだった。

警察庁長官の露木康浩は狛江市の事件から1週間後の1月26日、定例の記者会見で「首謀者を解明、摘発することが重要だ。被害者が亡くなられるという重大な被害に至っており、防犯情報の発信を行い、国民の不安感の払拭に努めたい」と語った。翌27日には14都府県警の刑事部長らを集めた捜査会議が東京・霞が関の警察庁で開かれた。同庁刑事局長の渡辺国《くに》佳《よし》は「一連の事件は社会的な反響があり、国民の不安も高まっている。関係警察が一丸となって強力な捜査を推進してもらいたい」と徹底的な摘発を求めた。

渡辺被告ら4人は広域強盗への関与が浮上してから間もなく強制送還される。今村、藤田被告が2月7日に、渡辺、小島被告が同月9日に帰国させられ、いずれも特殊詐欺に絡む窃盗容疑で逮捕された。このころには、4人の関与が疑われる特殊詐欺は被害額が60億円以上と判明、マニラで拘束された36人を含め約70人が摘発されていた。

広域強盗事件も14都府県で五十数件に上り、各地で実行役ら60人以上が京都や広島、山口などの各警察本部に逮捕されていた。渡辺被告ら指示役4人については、東京以外での発生も含め関与した事件はすべて警視庁が捜査することが決定。東京地検とも協議し、すべての事件資料が東京に集められることになる。各府県警は供述調書や捜査報告書などそれまでの事件資料をすべてコピーし、警視庁がそれをトラックで回収。各府県警が押収していた容疑者のスマホも東京に運び込まれた。捜査資料の分厚いファイルは600冊以上、スマホは約70台に上った。

2月下旬には捜査1課、2課、3課からなる約40人態勢の総合捜査本部を立ち上げる。刑事部全体で構成する捜査本部は、1990年代の一連のオウム真理教による事件以来とみられ、いかに刑事部がルフィグループの全容解明に力を入れていたかがうかがえる。膨大な捜査資料はすべて担当を割り振って読み込んだ。渡辺被告らと同時期にビクタン収容所にいた人物を洗い出し、捜査2課の協力者の男も含め聴取を重ねた。スマホは警視庁の捜査支援分析センター（SSBC）で分析され、他県ではできなかったデータの抽出と復元に一部成功した。捜査本部は、特殊詐欺に絡む窃盗容疑で複数回、逮捕を繰り返す一方で、広域強盗事件の指示役の立件に向け着々と捜査を積み上げた。

広域強盗事件でも、インターネットの闇バイトで実行役を募り、グループからの離脱を防ぐために身分証を送らせたりするなど特殊詐欺と同様の手法が取られていた。渡辺被告らがビクタン収容所に入った後も特殊詐欺の「かけ場」は別の関係者が維持したまま、収容所の中から今村、渡辺被告らは広域強盗へと手口を拡大させた疑いがある。

渡辺被告らの強制送還から約4ヵ月。警視庁は6月14日、千葉、京都、広島、山口の4府県警との合同捜査本部を設置し、広域強盗事件の指示役の立件へと動き出す。重点捜査対象は、実行犯が共通するなど関連性が高い5都府県の広域強盗8事件。実行役の供述やスマホの解析から、指示役はルフィ、キム、ミツハシ、シュガーなどと名乗っていたのが分かってており、渡辺被告ら4人がそれぞれどのアカウント名に該当するのかの特定が重要だった。

　合同捜査本部は第1弾として6月29日、京都市で2022年5月、貴金属店から腕時計など販売価格6900万円相当を奪ったとする強盗容疑で今村磨人被告を逮捕する。京都市の事件ではルフィが指示役として登場していた。警視庁刑事部の幹部は「今村がルフィであると特定する材料が多い京都の事件から最初は入った」と明かす。この事件では実行役ら10人以上が京都府警や大阪府警に逮捕、起訴されていたが、うち1人の20代の男が「ルフィから指示を受けていた」と供述。男は被害品の換金分のうち約1000万円をフィリピンにいる今村被告の口座に振り込んでいた。「ルフィは今村であるということを、京都の事件を立件することでまず確定させた」と刑事部の幹部。

　実はこのころ、捜査本部は決定的な客観証拠をつかむことになる。刑事部の総合捜査本部に入っていた捜査1課のハイテク犯罪捜査班が、マニラの入管施設で押収され引き渡しを受けた渡辺被告のiPhoneのロック機能を突破し、解除に成功したのだ。データから狛江市の事件で倒れる被害者や住宅の外観、事件に使われたレンタカーの写真や地図アプリで現場の住所を検索した記録などが見つかったという。

米アップルのｉＰｈｏｎｅのロック機能は、利用者が決めたパスコード（暗証番号）が分からなければ、アップルですらデータを抜き取ることができないとされる強固な壁だ。２０１５年12月に米カリフォルニア州で起きた銃乱射テロで、死亡した容疑者が使っていたｉＰｈｏｎｅのロック機能解除を巡り、米連邦捜査局（ＦＢＩ）が外部から解除できるようにする基本ソフト（ＯＳ）を作るよう求めたのに対し、アップルが拒否したため対立が注目された。

渡辺被告のｉＰｈｏｎｅのパスコードは６桁の数字。ハイテク犯罪捜査班は当初、人工知能（ＡＩ）を使って数字を打ち込んでいったが解除できない状態が続いた。ｉＰｈｏｎｅはパスコードを打ち込める回数が決まっており、入力ミスがその回数を超えるとデータがすべて消去される設定もある。ハイテク犯罪捜査班はパスコードを入力できる回数が残り１～２回になったことからＡＩの利用を中止し、ＡＩに頼らず自分たちでパスコードの割り出しに挑戦する。

同捜査班の班員らは、警視庁に隣接する警察総合庁舎６階にあった捜査本部に泊まり込んで検討。渡辺被告に関係するとみられる数字を膨大な資料の中から集め、４００ぐらいのパスコードの候補の中から20程度まで絞り込む。さらに経験に頼って候補に１位、２位……と優先順位をつけ、その根拠も記して、最終的に捜査１課の管理官と係長に諮って一つのパスコードを決定、それを打ち込んだところ――、「解除」。その瞬間、帳場（捜査本部）は総立ちとなり、捜査員らは全員、駆け寄ってきて画面をのぞき、大騒ぎになったという。

客観証拠の存在は裁判の行方を大きく左右する。刑事部の幹部は「パスコードを突破するのは地道な作業で、渡辺被告に関する捜査本部のあらゆる資料を集めて分析しながら数字を選択し、最後の残り1回ぐらいのギリギリで開けることができた。これは大前進だった」とハイテク犯罪捜査班の功績をたたえた。ハイテク犯罪捜査班はその後、藤田被告のスマホのロック機能も解除している。

次いで着手したのは、千葉県大網白里市で2023年1月、リサイクルショップの店長がけがをした強盗事件。捜査本部は7月20日、強盗致傷の疑いなどで再び今村磨人被告を逮捕する。この事件では実行役ら4人が逮捕されていたが、テレグラムではミツハシから指示を受けていた。4人のうち1人が不起訴となるが、この男性はかつてビクタン収容所に収容されたことがあり今村被告と面識があった。男性は「（今村被告から）頼まれて実行犯に現金を渡した」と供述。この現金がレンタカーの手配など強盗の軍資金になっており、これらの事実から捜査本部はミツハシも今村被告だと特定することができた。

合同捜査本部は大網白里市の事件に続いて8月22日、東京都足立区で1月20日に強盗の準備をして住宅に侵入したとする強盗予備の疑いなどで、今村、渡辺、藤田の3被告らを逮捕した。広域強盗事件の指示役として渡辺、藤田被告が逮捕されるのは初めて。この事件ではそれまでに実行役ら4人が逮捕、起訴され、うち3人は前日に発生した狛江市の事件でも起訴されていた。

足立区の事件の立件は、全容解明に向けた捜査の行方を決定づけることになる。この事件での逮捕から5日後ぐらいに藤田被告が全面自供に転じたのだ。捜査陣にとってはうれしい誤算だった。マニラから強制送還された4人のうち小島被告だけが事件について少しは話していたが、同被告はリクルーター役でそもそも事件の核心部分についての関わりは薄く、他の3人は否認だった。

藤田被告は涙を流し、死亡した狛江市の事件の被害者に対して「本当に申し訳ないことをした」と謝罪。「弁護士からはしゃべると不利になると言われたけれど、真実を話すべきだと思った」と述べ、知っていることをすべて話したとされる。指示役4人がそれぞれ出していた指示の具体的な内容や、どういうアカウントを使っていたかなどを詳述。いずれも信用できる内容で客観証拠とも合致していた。藤田被告は自白に転じた後は一切ぶれることはなかったという。

捜査幹部は「渡辺被告のスマホが開き、指示役の中核メンバーでもある藤田被告から供述を得られた。共謀している状況が全部分かり、テレグラムもある程度だけど復元できた。捜査はガチガチに固まった」と自信を見せる。

広域強盗事件の全容解明が目的の捜査本部だが、当初は特殊詐欺に絡む窃盗容疑で指示役4人の逮捕を重ねたため、渡辺、今村、藤田の3被告の取り調べには捜査2課の捜査員が、小島被告には捜査3課の捜査員がそれぞれ当たった。捜査2課と3課の取調官はそれぞれ「強盗での立件に入れば、取り調べは捜査1課に代わるだろう」と考えていたという。ところが、捜査本部を仕切っていた捜査1課の管理官と係長は広域強盗事件での取り調べも「そのままやってくれ」と2課と3課の取調官を続投させた。

足立区の事件に次いで、合同捜査本部は9月12日、「本丸」と位置づけていた狛江市の強盗殺人事件で犯行を指示したとして渡辺、今村、藤田、小島の4被告を逮捕した。それまでの取調官が引き続き担当したため、殺人事件の容疑者を知能犯担当の捜査2課の捜査員が取り調べるという前例のない組み合わせとなった。捜査幹部は「適性を見極めて1課の管理官と係長が配置したと思う」と説明する。縦割り意識が強い刑事の世界では本来あり得ない捜査指揮だが、従来の枠にとらわれない管理官らの柔軟な判断と取調官の能力が藤田被告を自白へと導いた可能性はあるだろう。

合同捜査本部は12月5日、2022年10月の稲城市の事件で、渡辺被告ら4人を逮捕し、重点対象8事件での指示役の立件を成し遂げた（4人はそれぞれ3～8事件で起訴）。多くの事件で今村被告はルフィやミツハシ、渡辺被告はシュガー、藤田被告はキムを名乗って実行役に指示を出し、小島被告は闇バイトの実行役を募集するリクルーターだったという。

警視庁によると、渡辺、今村被告は北海道出身で同い年。2人は札幌市の歓楽街ススキノで客引きをしていたという。渡辺被告は地元の暴力団関係者に借金をしたため「フィリピンで稼いでこい」と送り出されたとされる。今村被告は別途フィリピンに渡航し、現地を拠点とする日本人組織「JPドラゴン」に属していたという。捜査本部は、指示役4人について渡辺被告を「ボス」としてかけ場であるハコを運営していたが、今村被告はJPドラゴンにいたため「系統が違っていた」とみている。渡辺被告らがビクタン収容所に収容された後、ハコはすべてJPドラゴンが引き継ぎ、特殊詐欺を続けている疑いがある。

警視庁の幹部は「今回の捜査を通して現地のJPドラゴンなる日本人の犯罪組織の名前が出てきた。トップが誰かとか組織構造も分かってきた。何かあったらすぐに動けるよう、いままでも継続的に観察はしている」としている。

フィリピンの首都マニラ郊外にある入管施設ビクタン収容所から国内の実行役に指示していたとされる広域強盗事件に対する刑事警察の捜査はほぼ1年を費やした。警視庁捜査2課が特殊詐欺事件で端緒をつかんだ２０１８年秋までさかのぼると、渡辺被告らの犯罪グループへの捜査は5年の長期に及ぶ。

渡辺被告らの組織は警察庁が２０２３年に規定した「匿名・流動型犯罪グループ（通称・匿流）」の典型とも言える。交流サイト（ＳＮＳ）でつながり、匿名性の高いアプリで連絡を取り合い、犯罪ごとに離合集散を繰り返す。従来の暴力団などとは異なる組織形態だ。

これに対し、警視庁刑事部は捜査１課、２課、３課がそれぞれ得意とする手法を組み合わせて捜査を組み立てた。防犯カメラのリレー捜査やスマートフォンなどを解析するデジタルフォレンジック、捜査資料の読み込み、関係者の事情聴取の積み重ね、取り調べ、捜査指揮……。最新の「科学捜査」からいまなお重要な「人の捜査」まで培った刑事警察の技術に頼って難事件に活路を開いた。

警視庁刑事部の幹部は言う。「何としてもやらなければならない事件。みんな絶対にやるぞという感じだった。刑事部も各課、得手不得手があるが、うまく融合して総合力を発揮できた」

現代刑事警察の面目躍如だ。

おわりに

「あんた何勝何敗やったんや？」。大阪府警の〝1課担〟だったとき、夜回りの際に川本修一郎・捜査1課長からこう聞かれたことがあった。何の勝敗かというと、報道各社による「独自ダネ」の抜き合いの戦績だ。このとき捜査1課は2日間で、3つの帳場（捜査本部）事件で立て続けに容疑者の聴取などに動き、各社とも逮捕発表を待たずにそれぞれの事件で、「容疑者を事情聴取」「一両日中に逮捕」など独自ダネを打ち合った。私の戦績は「全敗」だった。

「ええがな、ええがな。事件はまだなんぼでもある」。川本1課長はそう言って笑い、まだ勝負は終わっていないと暗に示してくれた。

本書の土台になった1ページ特集連載「捜査の現場から――警察はいま」の配信を2018年に始めた一番の理由は、1995年3月から2年間にわたり大阪府警の捜査1課長を務められた川本さんのことを書きたかったということだ。私は1課担として、川本1課長の2年間を丸々取材することができた。それまでに読売新聞での4年間と共同通信での2年間の計6年間で、それなりに記者経験を積んだつもりでいたが、川本さんの捜査に対する姿勢は強烈すぎて、畏怖を覚えるほどの驚きがあった。いつかその捜査指揮を文字にして世の中に出したい――。そう考えるようになった。

殺人などの強行犯事件は、発生から時間がたつほど証拠が散逸し関係者の記憶が薄まり、解決が難しくなる。川本さんは〝速攻〟に心血を注いだ。一日のほとんどの時間を捜査に費やしているように見えた。連日の帳場回りで、官舎に帰宅するのはいつも午前1時を過ぎていた。そこから各社の夜回り取材を受ける。事件発生の日は、朝まで帰宅しないこともあった。寝食を忘れたような猛烈な勢いで捜査を率いていた。

単に解決するだけではなく、いかに早く解決するか。それが確実な解決につながっていた。あまりの捜査への入れ込みように、私は川本さんに「正義感ですか？」と尋ねたことがある。答えは「勝負」だった。「府警捜査1課のシマで事件を起こした被疑者との勝負や」。容疑者を割り出し、立件できれば「勝ち」。できなければ「負け」。勝負へのこだわりが川本さんの原動力になっていた。

強行犯事件は殺人など被害者が亡くなることもある。不謹慎と批判されるのを承知で言うと、容疑者を見つけ出すための捜査を取材するのはおもしろい。どうやって凶悪犯を割り出すのか、どんな捜査をしているのか。その捜査に工夫があればあるほど、おもしろい。

捜査する側である川本さんも何としても犯人に勝つため、捜査に魅せられていたのだろう。口癖のように「1課をもっと強くしたい」と語っていた。そのための「捜鑑科一体」でもあった。同じように捜査に魅せられ、捜査力の向上と事件捜査に入れ込んだ刑事によって事件は解決している。本書はそういう刑事の集合体だ。

頻繁に登場してもらった金髙雅仁・元警察庁長官、樋口建史・元警視総監、中村格・元長官、露木康浩・現長官らは指揮官としての実績はもとより、法制面の整備や体制の強化などでもこれまで捜査を側面支援してきた。捜査はいろいろな立場の人によって支えられている。現場での主役は、現役のために匿名での登場となった捜査員、鑑識官、科捜研の研究官らだ。

現在の刑事捜査は、DNA型、指紋、防犯カメラ画像など「科学捜査」が主流となり、重要事件を中心に高い検挙率を達成している。象徴とも言えるのが警視庁捜査1課だ。防犯カメラの「リレー捜査」は確実に犯人にたどり着く。一方で「人の捜査」が数々の難事件の局面を打開してきたのも事実だ。幹部の捜査指揮、捜査員の地取り、鑑取り、情報収集、取り調べ……。「人の捜査」は、刑事捜査の本流だった。

例えば「第3章　真相に迫る」で取り上げた「警察庁広域指定122号事件」。一人の取調官の突出した聞き出す能力が、女性5人の殺害事件の立件を可能にした。自白がなければ、解決することはなかった。「エピローグ」に登場する警視庁捜査1課のハイテク犯罪捜査班はAIができなかったiPhoneのロック機能の解除に挑戦し、見事にパスコードを割り出した。経験や熱意、探究心、センスに支えられた「人の捜査」は、劇的な進展をもたらすことがある。

「科学捜査」が進んだ現在、「人の捜査」を維持、発展させることができるかが今後の刑事捜査の重要な鍵になるだろう。2つの捜査の融合こそが理想型と言える。事件解決をたぐり寄せるため、小説や映画以上に実物の刑事捜査では、水面下でさまざまな取り組みや試みがなされている。それこそが「人の捜査」の本質だ。本書がその魅力を伝える一助になればと願っている。

最後になったが、「捜査の現場から――警察はいま」の加盟新聞各社向けの配信で、約6年にわたりデスク役を務めてくれた共同通信デジタルコンテンツ部長の阿部拓朗さんに深く感謝したい。阿部さんの貴重なアドバイスの数々に助けられ、ここまでの長期連載にすることができた。また、遅々として進まなかった本書の執筆を約2年間、根気強く見守ってくださったメディアプレスの岡村啓嗣さん、講談社の田中浩史さんにもお礼を申し上げたい。

そしてこれまで数々の事件取材を通して貴重な時間を共有してくださった刑事警察のみんさんに深謝します。

２０２４年４月

甲斐竜一朗

編集協力・岡村啓嗣

甲斐竜一朗

1964年3月3日生まれ。西南学院大学卒業。89年読売新聞社入社。93年共同通信社入社。95年から2000年、大阪府警捜査1課と警視庁捜査1課を連続して担当。その後も警察庁担当、警視庁サブキャップ、同キャップなどに就き、多くの事件、事故を取材。現在も編集委員兼論説委員として警察庁記者クラブを拠点に取材活動を続けている。

講談社＋α《プラスアルファ》新書 **877-1 C**

刑《けい》事《じ》捜《そう》査《さ》の最《さい》前《ぜん》線《せん》

甲《か》斐《い》竜《りゅう》一《いち》朗《ろう》

2024年5月15日第1刷発行

発行者―――― **森田浩章**

発行所―――― **株式会社 講談社**

東京都文京区音羽2-12-21 〒112-8001

電話 編集(03)5395-3522

販売(03)5395-4415

業務(03)5395-3615

デザイン―――― **鈴木成一デザイン室**

カバー印刷―――― **共同印刷株式会社**

印刷―――― **株式会社新藤慶昌堂**

製本―――― **株式会社国宝社**

KODANSHA

定価はカバーに表示してあります。

落丁本・乱丁本は購入書店名を明記のうえ、小社業務あてにお送りください。

送料は小社負担にてお取り替えします。

なお、この本の内容についてのお問い合わせは第一事業本部企画部「＋α新書」あてにお願いいたします。

Printed in Japan

ISBN978-4-06-535927-3

講談社＋α新書

講談社＋α新書

藤井聡太論　将棋の未来
谷川浩司
人間はどこまで強くなれるのか？　天才が将棋界を席巻する若き天才の秘密に迫る
990円 836-1 C

藤井聡太はどこまで強くなるのか　名人への道
谷川浩司
最年少名人記録を持つ十七世名人が、名人位に挑む若き天才と、進化を続ける現代将棋を解説
990円 836-2 C

わが子に「なぜ海の水はしょっぱいの？」と聞かれたら？　尊敬される大人の教養100
「大人」とは何か？研究所 編
地獄に堕ちたら釈放まで何年かかる？　会議、接待、スピーチ、家庭をアゲる「へえ？」なネタ！
858円 837-1 C

なぜニセコだけが世界リゾートになったのか　「地方創生」「観光立国」の無残な結末
高橋克英
地価上昇率6年連続一位の秘密。新世界「ニセコ金融資本帝国」に苦境から脱するヒントがある。
990円 838-1 C

就活のワナ　あなたの魅力が伝わらない理由
石渡嶺司
インターンシップ、オンライン面接、エントリーシート……。激変する就活を勝ち抜くヒント
1100円 839-1 C

考える、書く、伝える　生きぬくための科学的思考法
仲野徹
名物教授がプレゼンや文章の指導を通じ伝授する、仕事や生活に使える一生モンの知的技術
990円 840-1 C

この国を覆う憎悪と嘲笑の濁流の正体
青木理
安田浩一
ネットに溢れる悪意に満ちたデマや誹謗中傷、その病理を論客二人が重層的に解き明かす！
990円 841-1 C

ほめて伸ばすコーチング
林壮一
楽しくなければスポーツじゃない！　子供の力がひとりでに伸びる「魔法のコーチング法」
946円 842-1 C

「方法論」より「目的論」　「それって意味ありますか？」からはじめよう
安田秀一
日本社会の「迷走」と「場当たり感」の根源は方法論の呪縛！　気鋭の経営者が痛快に説く！
880円 843-1 C

自壊するメディア
望月衣塑子
五百旗頭幸男
メディアはだれのために取材、報道しているのか。全国民が不信の目を向けるマスコミの真実
968円 844-1 C

認知症の私から見える社会
丹野智文
認知症になっても「何もできなくなる」わけではない！　当事者達の本音から見えるリアル
935円 845-1 C

表示価格はすべて税込価格（税10%）です。価格は変更することがあります

講談社+α新書

健診結果の読み方　気にしたほうがいい数値、気にしなくていい項目
永田 宏
血圧、尿酸値は知っていても、HDLやASTの意味が分からない人へ。健診の項目別に解説。
990円 875-1 B

なぜ80年代映画は私たちを熱狂させたのか
伊藤彰彦
草刈正雄、松田優作、吉川晃司、高倉健、内田裕也……制作陣が初めて明かすその素顔とは？
1100円 876-1 D

刑事捜査の最前線
甲斐竜一朗
「防カメ」、DNA、汚職から取り調べの今、「トクリュウ」まで。刑事捜査の最前線に迫る
990円 877-1 C

表示価格はすべて税込価格（税10%）です。価格は変更することがあります